Laurence Sterne, Johann Joachim Christoph Bode

Tristram Schandis Leben und Meinungen

Laurence Sterne, Johann Joachim Christoph Bode

Tristram Schandis Leben und Meinungen

ISBN/EAN: 9783741165306

Hergestellt in Europa, USA, Kanada, Australien, Japan

Cover: Foto ©Andreas Hilbeck / pixelio.de

Manufactured and distributed by brebook publishing software (www.brebook.com)

Laurence Sterne, Johann Joachim Christoph Bode

Tristram Schandis Leben und Meinungen

Tristram Schandis
Leben
und
Meynungen.

Non enim excurfus hic ejus, fed opus ipfum eft.
Plin. Lib. quintus Epiftola fexta.

Siebender Theil.
Zwote verbefferte Auflage.

Hamburg,
Bey Carl Ernft Bohn.
1776.

Tristram Schandis
Leben und Meynungen.

Erstes Kapitel.

Nein — ich denke, ich habe gesagt, daß ich jedes Jahr zween Bände schreiben wollte, wenn ich vor dem gottlosen Husten, der mich damals quälte, und vor dem mir bis auf diese Stunde noch ärger grauet, als vorm Feuer im Dache, dazu kommen könnte — und an einer andern Stelle (wo aber? darauf kann ich mich itzt nicht besinnen) da ich von meinem Buche redete, als von einer Maschine, und meine Feder und Lineal als ein Kreuz auf den Tisch legte, um es desto feyerlicher zu thun — schwur ich, sie sollte die nächsten vierzig Jahre hindurch ihren Gang ordentlich so fortgehn, wenn es der Quelle des Lebens gefiele, mich so lange mit Gesundheit und Munterkeit zu segnen.

Was nun meine Munterkeit anbetrift, so kann ich mich darüber nicht sonderlich beschweren; —

ren; — ja gar so wenig, (ich müßte ihr denn zur Last legen wollen, daß sie mir zuweilen einen langen Stock zwischen die Beine giebt, und des Tages neunzehn Stunden Hott= hott = Pferdgen mit mir spielt,) daß ich ihr im Gegentheile vieles — recht vieles zu danken habe. Du hast mich ganz wohlgemuth den Pfad des Lebens mit allen seinen Beschwerden auf dem Nacken (seine Sorgen ausgenommen) durchwandeln lassen; in keinem Augenblicke meines Daseyns, so viel ich mich erinnere, hast du mich verlassen, oder mir die Dinge, die mir in den Wurf kamen, schwarz oder grün und gelb gefärbt; in Gefahren vergoldetest du meinen Horizont mit Hofnung, und als der Tod selbst an meine Thüre pochte, sagtest du zu ihm: — Sprich ein Andermal wieder vor! und in einem so lustigen Tone von sorgenloser Gleichgültigkeit sprachst du das, daß er zweifelte, ob er auch recht käme? —

„— Hier muß gewiß ein Irthum vorgehn!„ sagt' er.

Sehn Sie nur, ich kann in der Welt nichts weniger ausstehn, als wenn man mich in einer Erzählung unterbricht — und eben erzählt ich dem Eugenius auf meine Art eine recht Schwankvolle von einer Nonne, die sich einbildete, sie wäre ein Schellfisch, und von einem Mönch, der verdammt worden, weil er einen Muskel gegessen, und war eben dabey, ihm die Gründe und Gerechtigkeit des Verfahrens zu zeigen. —

„— Hat sich wohl jemals eine so ernsthafte „Person mit einem so verworrenen Handel „abgegeben,„ sagte der Tod. Mit genauer Noth bist du noch durchgekommen, Tristram; sagte Eugenius, und faßte mich bey der Hand, als ich meine Erzählung endigte. —

Aber auf diese Art ist hier kein gut Leben, Eugenius, sagt' ich, denn da dieser Bankart meine Wohnung ausgespührt hat — — Du giebst ihm den rechten Namen, sagte Eugenius, denn wir kennen nur seine Mutter, die ihn in die Welt brachte, die Sünde. — Was gehts mich an, wie er in die Welt kam, sagt

sagt' ich, wenn er sich nur nicht so hastete, mich hinaus zu holen; — denn ich habe vierzig Bände zu schreiben, und vierzig Tausend Dinge zu sagen und zu thun, die kein Mensch in der Welt für mich sagen oder thun will, ausgenommen Du; und da Du siehst, daß er mich schon bey der Kehle hat, (denn Eugenius konnte mich kaum über den Tisch hinüber hören) und daß ich ihm im Blachfelde nicht gewachsen bin, thät' ich nicht besser, weil ich noch das bisgen Kräfte habe, und mich diese Paar Spinnenbeine (ich hielt ihm eins davon vor) noch tragen können, thät' ich nicht besser, Eugenius, daß ich mein Leben durch die Flucht rettete? Das wäre mein Rath, mein lieber Tristram, sagte Eugenius! — Nun beym St. Velten! so will ich ihn auch so hinter mir her jagen, er soll sich wundern! denn, sagt' ich, ohne mich einmal umzusehn will ich bis an die Ufer der Garonne galloppiren; und hör ich ihn mir auf den Fersen klappern — so lauf ich weg, nach dem Vesuv. — Von da nach Joppen, und von Joppen bis an der Welt Ende, und folgt er mir da noch: so bitte ich Gott, daß er ihm den Hals breche —

Da

Da hat er größre Gefahr, sagte Eugenius, als du, Tristram.

Eugenius Witz und liebreiche Freundschaft brachte wieder Blut in die Wangen, das seit einigen Monaten daraus verbannt gewesen — Es war eine häßliche Abschiedsstunde; er brachte mich an meine Chaise. — Allons! sagt' ich. Der Postillon klatschte mit der Peitsche — los ging ich, wie eine Kanone, und mit einem halbdutzend Zusprüngen war ich in Dover.

Zweytes Kapitel.

Schändlich! sagt' ich, als ich nach der französischen Küste hinsah — ein Mensch sollte doch erst ein wenig von seinem eignen Lande wissen, eh' er in fremde ginge — und ich habe nicht einmal in die Rochester-Kirche geguckt, oder das Schiffswerft zu Chatham besehen, oder St. Thomas zu Canterbury besucht, und sie lagen doch alle drey auf meinem Wege! —

— Es ist freylich mit mir ein besonderer Fall —

Also,

Also, ohne die Sache weiter mit Thomas ó Becket, oder mit sonst jemand in Ueberlegung zu nehmen — schiffte ich mich ein, und in fünf Minuten waren wir unter Segel und sauseten davon wie der Wind.

Lieber Capitain, sagt' ich, als ich in die Cajüte trat, kann einen bey dieser Ueberfahrt wohl der Tod einholen?

Warum nicht gar? versetzt' er, man hat nicht einmal so viel Zeit, krank zu werden — Welch ein verdammter Lügner! Hundekrank, sagt' ich, bin ich schon! — mein armes Gehirn! alles rund um! — Ach weh! — die Zellen darinn sind alle zerrissen, und das Blut, und die Lympha, und der Nervensaft, und die festen und flüchtigen Salze, sind alle zu einem Brey gerührt — lieber Gott! — alles läuft darinn herum wie tausend Wirbel im Strudel! — Einen Gulden gäb' ich drum, zu wissen, ob ich nicht desto klärer darnach schreiben werde? —

Krank! krank! krank! krank!

Kom-

Kommen wir nicht bald ans Land, lieber Capitain? — Die Leute haben steinerne Herzen — O ich bin tödtlich krank! — reich' mir das Gefäß her, Knabe! — 'S ist keine Krankheit in der Welt, die ärger würget — Ich wünschte, ich wär' erst aufm Grunde! Madame, wie ists mit Ihnen? — Aus! Aus! Aus — O Herr! aus! — Was? zum Erstenmale? Nein, schon zum zweyten, dritten, sechsten, zehnten! O Herr, aus! — Was für ein Getrampel da oben? — holla! Kajütenjunge! was haben sie vor?

Der Wind ist umgesprungen! grad' in die Zähne! So? so lauf ich dem Tode grad' in den Rachen.

Was ein Glück! — Herr Passagier! 'r ist wieder h'rum gesprungen! — Nun so spring du und — Euer zwey!

Capitain, sagte sie, ums Himmelswillen, halt! ich muß aussteigen.

Drittes Kapitel.

Einen Mann, der Eile hat, hälts nicht wenig auf, daß es zwischen Calais und

Paris dreyerley verschiedene Wege giebt, welche die Deputirten der verschiedenen Städte, die an denselben liegen, so herauszustreichen wissen, daß leicht ein halber Tag darüber hingeht, ehe man mit sich einig werden kann, welchen man gehn soll.

Erstlich, der Weg über Lisle und Arras, der am meisten um ist — man bekommt aber darauf am vielsten zu sehen und zu hören.

Der zweyte über Amiens, welchen Sie nehmen können, wenn Sie Chantilly sehn wollen. —

Dann der über Beauvais, den Sie gehn können, wenn Sie wollen.

Aus dieser Ursache gehn sehr viele über Beauvais.

Viertes Kapitel.

„Ehe denn ich aber Calais verlasse,„ würde ein Reisebeschreiber sagen, „wird „es nicht unschicklich seyn, von dieser Stadt eini„ge Nachricht zu ertheilen.„ — Ich aber halt es für sehr unschicklich, — daß ein Mann nicht still für sich weg durch eine Stadt gehn, und sie zufrieden lassen kann, wenn sie ihn nichts in den

den Weg legt, ohne allenthalben umher zu gaffen, und bey jeder Gaſſenrinne, worüber er ſchreitet, ſeine Feder zieht, blos, wahrhaftig, um ſeine Feder zu ziehn; denn wenn wir nach dem urtheilen dürfen, was über dergleichen Dinge von allen denen geſchrieben iſt, welche geſchrieben und galloppirt, oder welche galloppirt und geſchrieben haben, welches noch etwas anders iſt; oder welche, noch behender als alle übrigen, im Galloppiren geſchrieben haben, ſo wie ichs eben itzt mache — vom groſſen Addiſſon an, mit ſeinen Schulbüchern in Riemen geſchnallet hinten auf dem Rücken bummelnd, die ſeinem armen Thiere bey jedem Schritte die Haare von den Hüften ſcheuerten — iſt kein Galloppreiter unter unſrer ganzen Zunft, der nicht auf ſeinem eignen Grund und Boden (falls er welchen hat) ſeinen Paß ruhig fortreiten und alles trocknen Hufes ſchreiben können, was er zu ſchreiben und nicht zu ſchreiben hatte.

Ich für mein Theil, wie der Himmel mein Richter iſt, an den ich immer meinen letzten Appell richte — ich weiß, (auſſer dem Wendgen,

gen, was mir mein Barbier davon erzählte, unterdessen er sein Messer aufm Riemen strich,) so wenig von Calais, als ich bis auf diesen Augenblick von Groß = Cairo weiß; denn den Abend, als ich aus Land stieg, war es nebelicht Wetter, und des Morgens, da ich weiter reisete, noch Pech finster; aber deswegen! man darf nur ein ganz wenig Bescheid wissen, dieß und jenes von dem einen Theile der Stadt sich einsammlen, und von dem andern dieß und jenes buchstabiren und zusammen setzen, und ich will wetten, was ein Reisender wetten kann, daß ich damit hier auf der Stelle ein Kapitel von Calais schreiben will, das so lang seyn soll, als mein Arm; und zwar mit so hinlänglicher Genauigkeit über jeden Artikel, der für einen Fremden in der Stadt des Sehens werth ist — daß Sie mich wirklich für den Stadtschreiber von Calais halten sollten. Und was für ein Wunder, mein Herr, wäre denn auch nun dabey? War nicht Demokrit, der zehnmal mehr lachte als ich, Stadtschreiber in Abdera? Und war nicht — (wie heißt er denn nun?) er, der mehr Klugheit brauchte, als wir beyde, be, Stadtschreiber von Ephesus? und noch dazu, mein Herr, sollte es mit so vieler Gelehrsamkeit und ordentlichem Verstande, und Reisebeschreiber=Style geschrieben seyn —

Ja, sehn Sie, wenn Sie mir nicht glauben wollen: so kann ich Ihnen nicht helfen, so mögen Sie fühlen!

Fünftes Kapitel.
CALAIS, *Calatium*, *Calusium*, *Calesium*.

Diese Stadt, wenn wir ihren Archiven trauen mögen, deren Autorität in Zweifel zu ziehen ich gleichwohl hier keinen Grund sehe, — war ehemals nichts weiter als ein geringes Dorf, einem der ersten Grafen de Guines gehörig; und da sich solche gegenwärtig nicht weniger dann vierzehn Tausend eigner Einwohner, nicht mit darunter gerechnet vierhundert und zwanzig verschiedene Familien, in der *Basse ville* oder Niedern=Stadt, rühmen kann, so sind wir berechtiget anzunehmen, daß solche allmählig, nach und nach,

nach, bis zu ihrer jetzigen Grösse herangewachsen seyn müsse.

Obwohlen der Ort vier Klöster in sich fasset, so findet man doch nur eine einzige Pfarrkirche in der ganzen Stadt. Ich verfehlte der Gelegenheit, ein genaues Maaß davon aufzunehmen, jedennoch ist es unschwer, einen ziemlich genauen ungefehren Ueberschlag davon zu machen. Denn sintemalen sich in der Stadt vierzehn Tausend Einwohner befinden, so muß die Kirche gewißlich nicht klein seyn, wenn sie solche alle fassen kann; und faßt sie solche nicht, so ist es sehr Schade, daß sie keine andere haben. — Es ist eine Kreuzkirche und der heiligen Jungfrauen Maria geweihet; ihr Thurm, welcher eine elegante Spitze hat, steht mitten auf dem Kirchgewölbe auf vier zierlichen und fast schmächtigen Pfeilern, welche jedennoch aber zugleich stark genug sind. Sie pranget mit eilf Altären, von denen man meistentheils sagen kann, daß sie mehr Schmuck als Schönheit aufzeigen. Der grosse oder Hauptaltar mag für ein Meisterstück in seiner Art gehalten wer=

werden; er ist von weissem Marmor, und, wenn man mich anders recht belehrt hat, beynahe sechzig Fuß hoch. —— Wäre er viel höher, so wäre er so hoch als der Calvarius selbst. —— Derohalben würde es unbillig seyn, zu sagen, er sey nicht hoch genug. Nichts zog meine Aufmerksamkeit mehr auf sich, als das grosse Viereck; ohneachtet ich nicht sagen kann, daß es schön gepflastert sey, oder auch schön gebauet wäre. Allein es liegt mitten in dem Herzen der Stadt, und die meisten Gassen, hauptsächlich aber die Gassen aus demselbigen Weichbilde stossen alle zusammen darauf zu. Wenn in ganz Calais eine Fontaine hätte können angebracht werden, (welches wohl nicht thunlich gewesen zu seyn scheinet,) so ist wohl kein Zweifel übrig, in so massen ein solches Objekt eine herrliche Zierde gewesen seyn würde, daß die Einwohner solche auf das Centrum des Vierecks würden haben setzen lassen. Wenn ich Viereck sage, muß man dabey nicht denken, daß es ein richtiges oder vollkommnes Viereck sey —— in Betracht es von Osten gegen Westen vierzig Fuß länger ist, als von Sü-

den

ben gegen Norden; weswegen denn auch die Franzosen mehr Gründe für sich haben, wenn sie dergleichen Plätze Places nennen, als die Engländer, welche Viereck sagen, oder Square, welches, richtig gesprochen, falsch ist.

Das Rathhaus scheint ein unerhebliches Gebäude zu seyn; auch nicht in dem besten Bau- und Besserungs-Stande unterhalten zu werden; allsonsten es eine grosse Zierde dieses Platzes gewesen seyn möchte; es entspricht unterdessen ganz völlig seiner ursprünglichen Bestimmung, und thut recht gute Dienste darinn, daß sich die hohen Magistratspersonen in demselben von Zeit zu Zeit versammlen; dergestalt man denn höchstmuthmaßlich schliessen muß, daß der theuren Justitz ordentlich gepfleget werde.

Ich hatte zwar vorher viel davon erzählen hören, kann aber an dem *Courgain* gar nichts Merkwürdiges finden. Es ist solches ein abgesondertes Quartier oder Weichbild der Stadt, von niemand anders, als Fischern und Matrosen bewohnt. Es besteht aus einer

ner Anzahl enger Gäßchen, welche ganz nett und mehrentheils von Back= oder Ziegelsteinen gebauet sind; es ist gar sehr bevölkert; weil sich aber diese Erscheinung aus den Grund= sätzen ihrer Diät erklären lässet: — so ist auch daran nichts Merkwürdiges. Ein Reisender thut wohl, wenn er sich die Mühe giebt, und sich selbst hinverfüget, um es nach Gefallen zu besehen. Unterdessen wird es ganz haupt= sächlich nöthig seyn, daß er *La Tour du guet*, oder den **Wahrthurm**, in Augenschein nehme. Dieser Thurm hat den Namen von seiner eigenthümlichen Bestimmung, weil er zu Kriegeszeiten dazu dient, den Feind, wel= cher zur See oder zu Lande sich der Stadt nähern möchte, zu entdecken oder wahrzuneh= men; — er ist aber ungeheuerlich hoch, und fällt einem dergestalt beständig in die Augen, daß man ihn nicht wohl übersehen kann, wenn man auch wollte.

Ich muß es auf das schmerzhafteste bedau= ren, daß ich nicht im Stande war, Erlaub= niß zu erhalten, eine genauere Besichtigung der Festungswerke anzustellen, welches die stärksten in der Welt sind, und welche vom Anbeginn bis zum Ende, das will so viel sagen, von der Zeit an, da Philipp von Frankreich, Graf von Boulogne, den Grund dazu legte, bis auf den gegenwärtigen Krieg, während dessen viele Reparaturen vorgenommen worden, mehr als hundert Millionen Livres gekostet haben. (Wie ich solches nachhero von einem Ingenieur in Gascogne in Erfahrung gebracht habe.) Es ist dabey sehr merkwürdig, daß man an der *Tête de Gravelenes*, da, wo die Stadt von Natur am schwächsten ist, den meisten Aufwand gemacht hat: und daß daselbst die Aussenwerke sich eine grosse Weite landeinwärts erstrecken, und folglich einen grossen Theil des Feldbodens einnehmen. Bey alledem muß man, nach allem was gesagt und gethan wird, bekennen und gestehen, daß Calais an und für sich selber niemals so wichtig gewesen ist, als es durch seine Lage, und hauptsächlich dadurch ward, daß es unsern Vorfahren in Engelland, bey allen Gelegenheiten, als ein Schlüssel zu Frankreich diente. Es hatte dennoch gleichwohl seine Unbequemlichkeiten, indem es damals den

En=

Engelländern eben ein solcher Dorn im Fuſſe war, als uns in unſern Tagen Dünkirchen es geworden iſt; und ward daher mit Recht, als ein Schlüſſel zu beyden Reichen betrachtet, welches denn unbezweifeltermaaſſen die Urſache geweſen ſeyn muß, warum ſo oft und vielfältig darüber geſtritten worden, wer von beyden es beſitzen ſollte. Unter allen dieſen iſt die Belagerung von Calais, oder vielmehr die Blockade, (denn es war beydes zu Lande und zur See eingeſchloſſen) am merkwürdigſten, indem es Eduard dem Dritten ein ganzes Jahr Mühe koſtete, und am Ende doch nur durch die äuſſerſte Hungersnoth zur Uebergabe gezwungen wurde. Die Tapferkeit des Euſtachius *de Saint Pierre*, der ſich zuerſt anbot, ſich für ſeine Mitbürger aufzuopfern, hat ſeinen Namen in das Buch der unſterblich berühmten Helden aufgezeichnet. Da dieſe Geſchichte nicht über funfzig Seiten einnehmen kann: ſo würd' es gegen den geneigten Leſer ſehr ungerecht gehandelt ſeyn, ihm die genaue Beſchreibung dieſer Helden- und tugendhaften That vorzuenthalten. Hier ſind demnach des berühmten Geſchichtſchreibers Rapins eigene Worte:

Sechstes Kapitel.

— Aber nur getrost! liebster Leser! — ich bin großmüthiger — mir genüget es schon, daß ich Dich in meiner Gewalt habe, — mich aber des Vortheils zu bedienen, den itzt das Glück des Kiels über Dich gewonnen hat, das wäre zu arg! — Nein! — Bey dem großmächtigen Feuer, welches das Gehirn der Geisterseher erwärmet, und den Gespenstern durch Dick und Dünne leuchtet! eh' ich ein wehrloses Geschöpf zu dieser Sclavenarbeit zwingen, und Dir, arme Seele! für funfzig Seiten Geld abnehmen wollte, die ich kein Recht habe, Dir zu verkaufen — lieber wollt' ich, so nackt ich da bin, auf den Gebirgen Heidekraut grasen, und lächeln, daß mir der Nordwind weder mein Gezelt noch mein Essen brächte.

— Fahr' also nur zu! guter Schwager, den kürzesten Weg nach Boulogne.

Siebendes Kapitel.

— Boulogne! — ha! — hier wären wir also zusammen gekommen. — Sina der ter und Schuldner vor Gott: eine artige Gesellschaft ist unser — aber ich kann mich hier nicht weilen und lange mit Euch punschen — ich werde verfolgt wie hundert Henker, und fürchte, daß man mich einholt, eh' noch umgespannt ist. — Um Gottes Willen, macht doch hurtig! — 'S ist wegen Hochverrath, sagte ein sehr kleiner Mann, und lispelte es einem sehr langen Manne, der neben ihm stund, so leise zu, als er konnte — Vielleicht auch wohl wegen Todtschlag, sagte der lange Mann — Gut geworfen, Sechs-As! sagt' ich. Nein, sagt' ein Dritter, der Herr wird wohl so ein — —

Ach! *ma chere fille!* sagt' ich, als sie aus den Frühmetten vorbey trippelte — Sie blühen rosig, wie der junge Morgen (denn die Sonne ging eben auf, und solches machte das Compliment um so natürlicher) — Nein; das kanns nicht seyn, sagt' ein Vierter — (Sie machte mir eine Verbeugung — ich küßte auf meine Hand und warfs ihr zu) 's ist Schulden halber, fuhr er fort. Ganz richtig, Schulden halber, sagte ein Fünfter. Ich

Ich wollte des Herrn seine Schulden, sagte As, nicht mit fünf tausend Thalern bezahlen — Und ich nicht, sagte Sechs, für sechsmal so viel. Gut geworfen, abermal, Sechs=As! sagt' ich; — Aber ich habe keine andre Schulden zu bezahlen, als die Schuld der Natur, und ich verlange nur Respit, und sie soll keinen Heller bey mir verlieren. — Wie können Sie so hartherzig seyn, Madame, einen armen Reisenden zu arrestiren, der in seinen ordentlichen Berufsgeschäften reiset, ohne jemanden etwas in den Weg zu legen? Halten Sie doch den griesgramigen, langbeinigen Schuft von Sünderscheucher da auf, der hinter mir her setzt — er würde mir nicht folgen, wenn er nicht den Auftrag von Ihnen hätte — Wenns auch nur auf ein oder ein Paar Stationen ist, daß ich ihm den Vorsprung abgewinne, ich bitte, Madame! — hören Sie, thun Sie's doch! —

— Nun, mein Seel, 's ist doch Jammer, sagte mein irländischer Gastwirth, daß alle diese süssen Worte in den Wind seyn sollen; denn das Frauenzimmerchen ist weg=

weggegangen, und thut nicht einmal, als obs hörte.

— Dummbart! sagt' ich.

— Sonst haben Sie also nichts in Boulogne, das sehenswerth wäre? — Ich sollte meynen! wir haben das hübscheste Seminarium für die Humanitäten.

Ein hübscher giebts nicht; sagt' ich.

Achtes Kapitel.

Wenn die Dringlichkeit der Wünsche eines Mannes seine Ideen neunzigmal schneller fortstößt, als das Fuhrwerk, worinn er reiset — wehe der Wahrheit! und wehe dem Wagen und dem Geschirre, (es sey gemacht wovon es will) worauf er den Aerger seiner Seele ausläßt!

Da ich niemals, wenn ich eben aufgebracht bin, ein allgemeines Urtheil, weder über Menschen noch Dinge, fälle, so war: je gröffre Eile, je längre Weile: alles, was ich dazu sagte, als mirs zum Erstenmale begegnete; — das Zweyte- Dritte- Vierte- und Fünftemal schränkte ichs noch auf jedes Mal ein, und gab also nur dem zweyten, dritten, vierten und fünften Postillon die Schuld, ohne meine Anmerkung weiter auszudehnen. Da mich aber derselbe Zufall das Sechste- Siebende- Achte- Neunte- und Zehntemal beständig, ohne eine einzige Ausnahme traf, — da konnt' ich mich nicht entbrechen, eine Anmerkung über die ganze Nation daraus zu machen, welches ich hier mit diesen Worten thue:

Daß beym Abfahren an einer französischen Postchaise allemal dieses oder jenes fehlt.

Oder laß den Satz auch so stehen:

Ein französischer Postillon hat nimmer nöthig abzusteigen, eh' er dreyhundert Schritte von der Station gefahren ist.

Was fehlt nun wieder? — *Diable!* — 's ist ein Strick gerissen! ein Knoten aufge-
- gan-

gangen! — ein Schwengel ist abgeglitscht!
— der Kollnagel ist los! — ein Splint zu
schneiden! — einer Felge, einem Nagel, ei=
ner Lönse, einem Riemen, einer Schnalle,
einer Schnallenzunge fehlt Etwas, das ge=
macht werden muß. —

So wahr nun alles das ist, so halt' ich
mich doch nicht berechtigt, deswegen die Post=
chaise, so wenig als den Schwager, zum
Teufel zu wünschen. — Es fällt mir auch
nicht einmal ein, einen hohen Fluch darauf zu
thun, daß ich zehn Tausendmal lieber zu
Fusse gehn — oder daß ich verdammt seyn
will, wenn ich mich wieder in eine andre
setze; — sondern ich nehme die Sache kalt=
blütig vor, und bedenke, daß beständig an
einem oder dem andern Nagel, Riemen,
Schnalle, Lönse, Stricke, oder so derglei=
chen, etwas fehlen wird, ich mag reisen, wo
ich will; also entrüste ich mich niemals, son=
dern nehme das Böse mit dem Guten vorlieb,
wie 's vorkommt, und laß es gehn. — Laß
vorwärts gehn, Schwager! sagt' ich; er
hatte schon fünf Minuten damit vertändelt,

daß er abgestiegen war; um bey ein derbes Stück schwarz Brodt zu kommen, das er in den Sitzkasten gekramt hatte, und war nun wieder aufgesessen, und ließ langsam angehn, um sich desto gütlicher dabey zu thun. Laß vorwärts gehn, Schwager! sagt' ich rasch, — aber in dem nur erdenklichst überredenden Tone; denn ich klämperte mit einem halben Gulden-Stücke gegen das Glas, und hielt ihm mit Fleiß die breite Seite hin, als er sich umsah. Der Schäcker riß bey seiner langsamen Lache das Maul auf bis an beyde Ohren, und wies mir hinter seiner schmutzigen Schnautze eine solche Perlenreihe von Zähnen, daß Ihro Majestäten hätten ihre Kleinodien dafür zu Pfande setzen sollen.

Gütiger Himmel, (was für Beisser! — (was für Brodt! — Und damit, als er eben den letzten Happen hinter gebracht hatte, fuhren wir in Montreuil hinein.

Neuntes Kapitel.

Nach meiner Meynung steht in ganz Frankreich keine Stadt, auf der Landcharte, besser aus, als Montreuil — Ich gestehe, im Buche von den Postwegen läßt es ihr nicht mehr so hübsch, kommt man ihr aber so nahe, daß man sie sehn kann, — so macht sie freylich eine sehr jämmerliche Figur.

Indessen findet man itzt ein Ding darinn, das sehr hübsch ist — und das ist des Gastwirths Tochter. Sie ist anderthalb Jahr in Amiens und ein halbes in Paris gewesen, und hat da was gelernet; sie versteht ihr Stricken, ihr Nähen, ihr Tanzen und die kleinen weiblichen Ziererenen recht gut. — Die Flirtje! Da ich hier so fünf Minuten stehe und ihr zusehe, hat sie wenigstens ein Dutzend Maschen in einem weissen zwirnen Strumpfe von Strick=Sticken fallen lassen! — Ja ja, — ich seh's ja wohl, du loses Ding! — er ist lang und rund — du brauchst ihn nicht aufs Knie zu halten — ich seh wohl, 's ist dein eigner, — und daß er dir prall anliegen muß. —

Soll=

Sollte die Natur wohl diesem Geschöpfe von dem Daumen einer Statüe etwas ins Ohr gezischelt haben! —

— Doch, da diese Vorzeichnung so viel werth ist, als alle ihre Daumen — und ich noch ihre Daumen und Finger im Kauf habe, wofern mir solche einige Anleitung geben können, — und da überdem Janatone (denn das ist ihr Name,) so geduldig vor ihrem Zeichner sitzt — so will ich in meinem Leben keine Zeichnung mehr machen, oder vielmehr jeden Tag meines Lebens eine Zeichnung von der häßlichsten alten Vettel machen — wenn ich sie nicht nach allen ihren Proportionen zeichne, und mit eben so sichrer Hand, als ob sie im nassesten Gewande vor mir sässe. —

Aber Ew. Hochedelgebohrne wollen lieber, daß ich Ihnen die Länge, Breite und perpendikulare Höhe von der grossen Pfarrkirche gebe, oder einen Riß von der Fassade der Abtey St. Austreberte, welche von Artois hierher geschaft worden. — Alles ist noch
so

so daran, meyn' ich, als es die Maurer und
Zimmerleute gelassen haben, — und, wenn an=
ders die christliche Religion noch so lange Be=
stand hat, wird's auch wenigstens noch eine
funfzig Jahr so bleiben. Also können Ew.
Hochw. und Hochedelgeb. solche selbst nach Be=
quemlichkeit und Gefallen messen. — Wer
aber dich ausmessen will, Janatone, muß
es itzt thun. — Du trägst die Ursache
der Veränderung in deinem Bau mit dir;
und im Betracht der Zufälle dieses dahin ei=
lenden Lebens, möcht' ich keinen Augenblick
für dich Bürge seyn; und eh' noch zweymal
zwölf Monden dahin sind, kannst du schon
in die Runde gewachsen seyn, wie ein Kür=
bis, und deinen schönen Wuchs verlieren;—
oder, du kannst wie eine Blume verblühn,
und deine Schönheit verlieren — ja, wer
weiß, magst du nicht verblühn, wie eine
thörigte Jungfrau, und dich selbst verlieren.
— Nicht einmal für meine Tante Dinah
möcht' ich Bürge seyn, wenn sie noch lebte —
wahrhaftig, kaum für ihr Portrait — und
hätt' es Reynolds gemahlt. —

— Aber

— Aber wenn ich mit meiner Zeichnung fortfahre, nachdem ich diesen Günstling Apolls genannt habe, will ich mich wohl todt schießen lassen —

Sie müssen sich also mit dem Originale behelfen; und das werden Sie, falls der Abend schön ist, wenn Sie durch Montreuil kommen, an Ihrer Chaisen-Thüre sehn, unterdessen daß frische Pferde vorgehängt werden. Allein, wofern Sie nicht eine so schlimme Ursach zur Eile haben, als ich — so thun Sie besser, daß Sie hier übernachten. — Sie hat einen Anstrich von Andächteley: das aber, mein Herr, ist eine Quinte in Ihrer Hand gegen eine Terze in der Hand des Mädchens.

— Hilf Himmel! ich konnte gar nicht zum Zählen kommen. Sie zählte mir einen Sechziger und Neunziger vor, und machte mich Capot dazu.

Zehntes Kapitel.

Alles das wohl überlegt, und noch dazu, daß der Tod mir näher seyn möchte, als ichs mir

mir einbildete — ich wollte ich wäre zu Abbeville, sagt' ich, wär's auch bloß nur, zu sehn, wie sie die Wolle kämmen, grempeln und spinnen — also fuhren wir ab.

(*) *De Montreuil à Nampont — Poste & demi.*
De Nampont à Bernay — Poste.
De Bernay à Nauvion — Poste.
De Nauvion à Abbeville — Poste.

— Aber Spinner und Grempler waren alle zu Bett gegangen.

Eilftes Kapitel.

Wie grossen herzlichen Nutzen schaft nicht das Reisen! Nur daß es einen erhitzt; aber dawider ist auch ein Mittel, welches Sie aus dem nächsten Kapitel heraus finden mögen.

Zwölf-

(*) Siehe das Buch von den französischen Postwegen. Pag. 36. Ausgabe von 1762.

Zwölftes Kapitel.

Befände ich mich in solchen Umständen, daß ichs mit dem Tode eben so bestellen könnte, wie ichs diesen Augenblick mit dem Apothekergesellen bestelle, wann und wie ich sein Klystier gesetzt haben will — so erklärte ich ganz gewiß, daß im Beyseyn meiner Freunde nichts daraus würde; und deßhalben denk' ich niemals ernsthaft auf die Art und Weise dieser grossen Catastrophe, welche gemeiniglich meinen Gedanken eben so viel Quaal und zu schaffen machen, als die Catastrophe selbst, oder ich ziehe allemal einen Vorhang darüber mit diesem Wunsche, daß der erhabne Regierer aller Dinge es so fügen möge, daß sie mich nicht in meinem eignen Hause — sondern lieber in einem ehrbaren Wirthshause überkommen möge. — Zu Hause, ich weiß es, — wird mich die Betrübniß meiner Freunde, und die geringsten Hülfleistungen, meine Stirn abzuwischen, mein Kopfkissen aufzuklopfen, welche mir die zitternde Hand des blassen Kummers erweiset, dergestalt die Seele martern, daß ich an einer Krankheit sterben werde, die mein Arzt nicht argwöhnt. In einem Wirthshause hingegen, kann ich die wenigen kalten Dienste, deren ich bedarf, mit etlichen Goldstücken bezahlen, und werden mir solche ohne Kummer, aber mit pünktlicher Aufmerksamkeit geleistet — Allein, wohl zu merken — dieses Wirthshaus müßte nicht das Wirthshaus in Abbeville seyn — und wäre auch kein ander Wirthshaus in der Welt, so streiche ich doch dieses aus der Capitulation. Also

Laß Morgen früh, punkt Vier, die Pferde vor der Chaise seyn — Ganz wohl, Herr, um Vier! — Bey der heiligen Genevieve! ich mach' sonst einen Lärmen im Hause, daß es die Taubgebohrnen hören sollen.

Dreyzehntes Kapitel.

„Mache sie ein Rad,„ ist eine bittre Satyre, wie alle Gelehrte wissen, gegen die *Grand Tour*, und gegen den unruhigen Geist, wovon David im prophetischen Geiste voraussahe, daß er die Menschenkinder in den letzten Tagen der Welt herum treiben würde, solche zu vollenden; und deswegen ist es, nach der Auslegung des grossen Bischofs Hall, eine der heftigsten Verwünschungen, welche jemals dem königlichen Propheten gegen die Feinde des Herrn entfahren sind — und als ob er gleichsam gesagt hätte: „Aergeres wünsch' ich ihnen nichts, als daß sie beständig umher gerollt werden.„ — So viel Bewegung, fährt er fort (denn er war sehr wohl bey Bauche) — ist so viel Unruhe; und so viel Ruhe ist, nach derselbigen Analogie, eben so viel Himmel.

Ich aber (weil ich sehr mager bin) denke ganz anders; und halte dafür, daß so viel Bewegung so viel Leben und so viel Freude, Stillstehn aber oder Langsamfahren Hölle und Tod sey.

— Holla! He! — Alles schläft noch auf beyden Ohren! — Angespannt! — Wagen geschmiert! — Koffer aufgebunden! — hier! einen Nagel in diese Schiene geschlagen! — Ich will keinen Augenblick verlieren. Nun

Nun aber muß das Rad, wovon wir reden, und wozu (nicht worauf, denn so arg, bis aufs Rad flechten, meynt' ers nicht) er seine Feinde verwünscht, nach der Beschaffenheit des Körpers des Bischofs, nothwendig ein Postwagenrad seyn, sie mochten dazumal in Palestina schon aufgekommen seyn oder nicht; — und das meinige müßte eben so gewiß, aus der entgegen gesetzten Ursach, ein schweres Karrnrad seyn, das wer weiß wie lange Zeit braucht, eh' es einmal rund herum knarret; und von welcher Gattung ich ohne Skrupel behaupten würde, wenn ich mich mit dem Commentiren abgeben möchte, daß es in einem so bergigten Lande genug geben mußte.

Ich liebe die Pythagoräer, (weit mehr, als ichs meiner theuren Jenny merken lassen darf) wegen ihres "χωρισμὸν ἀπὸ τῦ Σώματος, εἰς το Καλῶς Φιλοσοφεῖν; — [ihres] „sich aus dem Leibe zu begeben, um gut zu denken." Kein Mensch denkt richtig, so lang' er darinn ist; weil ihn die eigne Beschaffenheit der Säfte

dessel-

deſſelben blendet, und weil er, wie hier der Biſchof und ich, von zu ſchlaffen oder zu geſpannten Fiebern, nach verſchiedenen Seiten gezogen wird. Die Hälfte ſeiner Vernunft iſt Sinn; — und den Himmel ſelbſt denken wir uns ſo oder ſo, nachdem wir gut oder ſchlecht verdauen. — Wer aber von Uns beyden hat im gegenwärtigen Falle, nach Ihren Gedanken, am meiſten Unrecht?

Wer ſonſt, als Sie! antwortete ſie. So früh Morgens ein ganzes Haus aus dem Schlafe zu wecken!

Vierzehntes Kapitel.

— Sie wußte aber nicht, daß ich ein Gelübde gethan hatte, mir nicht eher, als in Paris, mein Barthaar abſcheren zu laſſen; — und dennoch iſts meine Sache nicht, aus nichtsbedeutenden Dingen ein Geheimniß zu machen. Das iſt die kalt' ängſtliche Behutſamkeit einer ſolchen kleinen Seele, nach denen Leſſius (*Lib. 13. de moribus devinis, cap. 24.*) ſeine Berech=
nung

nung angestellt hat; in welcher er herausbringt, daß Eine einzige Deutsche Meile, cubisch in sich selbst multiplicirt, genug, und so gar überflüßig, Raum für acht hundert Tausend Millionen enthalte; welches, nach seiner Voraussetzung, eine so grosse Anzahl Seelen ist, als möglicher Weise (vom Fall Adams angerechnet) bis den Jüngsten-Tag verdammt werden können.

Worauf er diese zweyte Berechnung gründet — wenns nicht auf die unendliche Barmherzigkeit Gottes ist — das weiß ich nicht. — Noch weit weniger weiß oder begreife ich, was dem Franciscus Ribbera im Kopf gestecket haben muß, welcher behauptet, daß nicht weniger, als ein Raum von zweyhundert italiänischen Meilen, in sich selbst multipliciret, erfordert werde, um die gleiche Anzahl zu fassen. Es muß ihm ganz gewiß eine von den alten römischen Seelen im Sinne gelegen haben, wovon er gelesen hatte; ohne zu überlegen, wie sehr solche durch eine allmählige und recht schwindsüchtige Auszehrung, seit achtzehn hundert Jahren, haben noth-

nothwendiger Weise zusammen schrumpfen müssen, so, daß sie zu der Zeit, da er schrieb, fast zu nichts geworden waren.

Zu Lessius Zeiten, welcher ein kälterer Mann zu seyn scheinet, waren sie so klein, als man sie sich erdenken kann. —

— Wir finden solche jetzt noch kleiner —

Und nächstkommenden Winter werden wir sie abermal kleiner finden; daß also, wenn wir vom Kleinen zum Kleinern, und vom Kleinern zum Nichts fortgehn, ich keinen Augenblick bey mir anstehe, zu behaupten, daß wir, auf diese Weise, in einem halben Jahrhunderte ganz und gar keine Seelen mehr haben werden. Da nun dieses der Zeitpunkt ist, über welchen, nach meinem Zweifel, die christliche Religion nicht hinausgehn wird, so wird doch der eine Vortheil dabey seyn, daß beyde genau zu einer Zeit in die Lumpenkammer kommen!

Heil dir, Jupiter! und Heil allen heidnischen Göttern und Göttinnen! Denn nun

werdet

werdet ihr alle wieder eure Häupter erheben, keinen, selbst den Priap nicht ausgenommen — welche lustige Zeiten! — Aber wo bin ich? und in was für ein entzückendes Gewühl von Dingen habe ich mich gestürzt? Ich — ich, der ich in der besten Hälfte meiner Tage abgemähet werden, und nichts weiter davon kosten soll, als was ich von meiner Einbildung borge! — Friede sey mit dir, großmüthiger Thor! und laß mich weiter sprechen.

Funfzehntes Kapitel.

— „Weil es, sag' ich, meine Sache „nicht ist, aus nichtsbedeuten„den Dingen ein Geheimniß zu machen„ — vertraute ichs dem Postillon, sobald wir von dem Steindamme abgekommen waren. Er klaschte mit der Peitsche um das Kompliment zu erwiedern, und indem er mit dem Sattelpferde trabte, und das Andre aus allen Leibeskräften beyher haspeln ließ, tanzten wir dahin bis nach *Ailly aux clochers*, welches in alten Zeiten wegen des schönsten Glockenspieles von der Welt berühmt war; wir tanzten

ten aber ohne Muſik hindurch — das Glo⸗
ckenſpiel war in groſſer Unordnung — (wie
ich denn das durch ganz Frankreich ſo gefun⸗
den habe.)

Alſo in aller möglichen Eile von

Ailly aux clochers kam ich nach Hircourt,
von Hircourt kam ich nach Pequignay, und
von Pequignay kam ich nach Amiens, von
welcher Stadt ich Ihnen nichts zu benachrich⸗
tigen weiß, als was ich Ihnen ſchon vorher
benachrichtiget habe — und das war — daß
Janatone hier in die Schule gegangen iſt.

Sechszehntes Kapitel.

Unter dem ganzen Verzeichniſſe des Lum⸗
penkraams, welcher einem ehrlichen Man⸗
ne in ſeine Scheerlatte fährt und ſie verwir⸗
ret, iſt nichts, das einem mehr neckt und zer⸗
ret, als dasjenige beſonders, was ich Ihnen
hier beſchreiben will — und wogegen, (es
ſey denn, daß Sie immer einen Courier vor⸗
ausſchicken, welches viele thun, um ihm vor⸗
zu⸗

zubeugen) — keine Hülfe ist: und das ist
dieses:

Sie mögen noch so gut aufgelegt seyn, zu
schlafen — obgleich Sie vielleicht eben durch
eine der schönsten Gegenden fahren — auf
dem ebensten Wege — und in dem bequem:
sten Schlafwagen von der Welt — ja, wä:
ren Sie sicher, Sie könnten Ihre zwölf Stun:
den wegschlafen, ohne nur Einmal die Augen
aufzuthun, — ja, was noch mehr ist, wä:
ren Sie eben so mathematisch gewiß überzeugt,
als von einem Satze im Euclid, daß Sie in
allem Betracht eben so wohl, vielleicht gar
besser — daran wären, wenn Sie schliefen,
als wenn Sie wachten: — so kommt das
ewige Geldausgeben für die Pferde bey jeder
Station — wobey Sie gezwungen sind, mit
der Hand in die Tasche zu fahren, und dar:
aus drey Livres funfzehn Sous (Sous bey
Sous) hinzuzählen — damit ist denn Ihr
Schlafplan so weit verrücket, daß Sie nicht
mehr als zwey Stunde Weges (oder wenns
auch eben *Poste & demi* wäre: so sinds doch
nur drey Stunden) schlafen können, — und

könnten Sie Ihre Seele dadurch vom Verderben erretten.

— Ich muß das Ding in ein ander Faß schlagen, sagt' ich. Ich will das Geld richtig abzählen, in ein Stück Papier wickeln, und es den ganzen Weg über in der Hand behalten. „Nun brauch' ich weiter nichts zu „thun„ (sagt' ich, und rückte mich zurechte zum Schlafen) „als es in des Postillons Hut „fallen zu lassen, ohn' ein Wort zu sagen.„
— Ja? aber da fodert der Kerl noch ein Paar Sous Trinkgeld — oder da ist ein Zwölfsousstück von Louis dem Vierzehnten, welches nicht mehr gilt — oder da sind noch ein Livres und etliche Liards von voriger Station zu berechnen, die Monsieur vergessen hat; diese Kretteleyen (da doch ein Mensch nicht wohl im Schlafe disputiren kann) machen ihn wacker. — Noch wäre der süsse Schlaf wieder zu haschen: und noch möchte das Fleisch den Geist unter die Füsse bringen, und sich von diesen Streichen erholen — aber dann, ja, wahrhaftig! Sie haben nur für eine einfache Station bezahlt, und es ist doch anderthalb;

nun

nun wollen Sie's recht wissen, und darum müssen Sie Ihr Buch von den Postwegen hervorlangen und zusehn — und der Druck darinn ist so klein, daß Sie die Augen aufthun müssen, Sie mögen wollen oder nicht. Dann bietet Ihnen *Monsieur le Curé* eine Prise Toback — ein armer Soldat zeigt Ihnen sein hölzern Bein — oder ein Bettelmönch seine Büchse — oder die Priesterinn an der Cisterne will Ihre Räder waschen. — Wir brauchens nicht — aber sie nimmt das Wort für sich, kehrts um, und schwört bey ihrer Priesterschaft: Wir brauchens! Da müssen Sie nun alle diese Punkte abthun, oder überlegen — und wenn Sie das thun, da werden Ihre Gedanken so durchgängig wach — Sehn Sie zu, wie Sie sie wieder einwiegen wollen!

Wenns nicht einer von diesen Unfällen gethan hätte, ich wäre rein vor den Marställen zu Chantilly vorbey gefahren.

— Da aber der Postknecht erst vorgab, und mirs hernach ins Gesicht behauptete, das Zweysousstück sey so schlicht, daß kein Stempel

pel darauf zu sehen wäre, that ich meine Augen auf, um mich zu überzeugen — und da ich den Stempel so deutlich darauf sah, als meine Nase — sprang ich vor Aerger aus der Chaise, und besah mich in Chantilly herum, aus Verdruß. — Ich versuchte das nur auf drey und eine halbe Station, aber glauben Sie mir, es ist der beste Grundsatz, geschwinder darnach zu reisen. Denn da Ihnen in dieser Gemüthsfassung wenige Dinge sehr einladend scheinen — so hält Sie wenig oder nichts auf. Auf diese Art gieng ich durch St. Dennis, ohne mir einmal die Mühe zu geben, meinen Kopf nach der Seite der Abtey hinzuwenden.

— Reich soll ihr Schatz seyn! — Wischi, waschi! — Die Juwelen abgerechnet, die auch noch alle unächt sind, möcht' ich für kein Ding, das darinn ist, drey Sons geben, als für Judas Leuchte — und nicht einmal dafür, wenns nicht finster würde, und ich eine nöthig haben kann.

Siebzehntes Kapitel.

Klatſch! klitſch — klatſch — klitſch — klatſch — klitſch — klatſch! Iſt das endlich Paris! ſagt' ich, (noch immer in derſelben Gemüthsfaſſung) — und das iſt Paris! — Hm! — Paris! rufte ich, und wiederholte den Namen zum Drittenmale.

Die Erſte, die ſchönſte, die prächtigſte —

— Die Gaſſen ſind denn doch ſo ziemlich ſchmutzig.

Aber es mag leicht beſſer in die Augen fallen, als in die Naſe! Klatſch — klitſch — klitſch — klatſch! — Was treib't Er für ein Geklatſche! — Als obs die guten Leute was anginge, zu wiſſen, daß ein Mann mit blaſſem Geſichte, in einem ſchwarzen Rocke, die Ehre hat, um neun Uhr des Abends von einem Poſtillon in einer verſchoſſenen gelben Jacke, mit rothen calamankenen Aufſchlägen, in das herrlichſte Paris gefahren zu werden! Klatſch — klitſch — klitſch, klitſch klatſch!
Klatſch,

Klatsch, klitsch, klatsch! — daß du mit deiner Peitsche —!

— Aber, es ist ja so die Weise deiner Nation; — und so klitschklatsche nur zu. Ha! — Die Oberhand an den Häusern giebt hier niemand! — Aber wenn in dieser wahren Urbanitätsschule niemand hart an den Häusern gehn kann, ohne sich die Kleider zu bestänkern — kanns da die Oberhand seyn?

Sag mir doch, wann werden die Laternen angezündet? Was? In den Sommermonaten gar nicht! — Ja! 's ist die Sallatzeit! — herrlich! Sallat und Suppe — Suppe und Sallat — Sallat und Suppe, abermals —.

Das sollte einem armen Sünder fast zu viel werden!

Nein, es ist zu barbarisch, ich kanns nicht dulden! Wie kann der grobe Kerl von Kutscher dem armen magern Pferde solche Zoten vorsagen? Sieht er denn nicht, Freund, daß die Gassen so jämmerlich eng sind, daß in ganz Paris nicht so viel Raum ist, darauf ein

ein Schiebekarrn umwenden könnte? In der gröſſeſten Stadt von der ganzen Welt wär's doch wohl eben nicht ſchlimm geweſen, wenn man ſie ein paar Haarbreit weiter gelaſſen hätte; ja wär's nur in jeder Gaſſe ſo viel geweſen, daß ein Menſch wiſſen könnte (und zuweilen mag man das gerne wiſſen) auf welcher Seite derſelben er eben ginge.

— Ein — zwey — drey — vier — fünfe — ſechs, ſieben, acht — neune, zehn. — Zehn Garküchen! Und zweymal ſo viel Peruckenmacher=Buben, und alle in drey Minuten Weges! Man ſollte denken, alle Köche in der Welt hätten auf einem luſtigen Gelage mit den Peruckenmachern eine gemeinſchaftliche Verabredung genommen und geſagt: Kommt, laßt uns alle nach Paris ziehen! die Franzoſen mögen gern ein gut Stück Eſſen — ſie ſchnökern gern. Wir werden in Anſehn kommen; — wenn ihr Bauch ihr Gott iſt, ſo müſſen ihre Köche Herrn ſeyn: und um ſo mehr, da die Perucke den Mann macht, und der Peruckenmacher die Perucke macht — *ergo*, ſagten die Peruckenmacher, werden wir noch höher im Ansehn stehn — wir werden vornehmer, wie ihr alle — wir werden Capitouls (*) zum wenigsten — pardi! wir werden alle in Degen gehen!

— Und man sollte schwören, (bey Licht nemlich, — ganz zuverläßig ist so Etwas aber, des Lichts wegen, nicht) sie thätens noch bis auf den heutigen Tag.

Achtzehntes Kapitel.

Man versteht die Franzosen gewiß unrecht; ob aber die Schuld an ihnen liegt, daß sie sich nicht deutlich genug erklären, oder so bestimmt und genau sprechen, wie man es bey einem so wichtigen Punkte, den wir noch dazu so gerne streitig machen möchten, wohl erwarten dürfte — oder ob nicht auch der Fehler gänzlich an uns liegen mag, indem wir vielleicht ihre Sprache nicht kritisch genung verstehn, um zu wissen, „was sie haben wollen:„ — Das will ich nicht entscheiden; aber

(*) Die vornehmsten Magistratspersonen in Toulouse, u. s. w.

aber so viel scheint mir ausgemacht zu seyn, wenn sie behaupten: „wer Paris gesehen, der habe alles gesehen!„ so müssen sie von denen sprechen, die es bey Tage gesehen haben: denn bey Lichte besehen — möcht' ichs nicht behaupten. —

Ich habe vorher gesagt, ganz zuverläßig ist so Etwas, des Lichts wegen, nicht, — und ich wiederhole es noch Einmal. Aber nicht deswegen, weil die Lichte und Schatten zu hart — oder die Tinten zu vermischt wären — oder daß man weder Schönheit noch Haltung fände, u. s. w. denn das wäre nicht wahr — sondern es ist in dieser Absicht ein unsicheres Licht, daß in allen den fünfhundert *Grand Hotels*, welche man Ihnen in Paris vorzuzählen weiß, und bey allen den fünfhundert schönen Sachen, (nach einer sehr mäßigen Berechnung, denn es bringt auf jedes Hotel nur Eine) welche am besten beym Kerzenlichte zu sehn, zu fühlen, zu hören und zu verstehen sind; (dieses beyläufig, ist aus dem *Lilly* angeführt —) ein armer Teufel unter funfzigen von uns seinen Kopf nicht

nicht mit Sicherheit zwischen sie stecken darf.

Dieß hat aber mit der franzöſiſchen Berechnung nichts zu thun; die ſteht bloß ſo:

Daß nach der letzten Beſichtigung, angeſtellt im Jahr Siebzehnhundert und Sechszehn, ſeit welcher Zeit ſehr viel angebauet worden, Paris neunhundert Gaſſen hat; nemlich:

Im Quartier, genannt: *La Cité*, ſind drey und funfzig Gaſſen.

In *St. Jacques de la Boucherie*, fünf und funfzig Gaſſen.

In *St. Oportune*, vier und dreyßig Gaſſen.

Im Quartier *du Louvre*, fünf und zwanzig Gaſſen.

Im *du Palace royal* oder *St. Honoré*, vier und neunzig Gaſſen.

Im Quartier *Montmartre*, ein und vierzig Gaſſen.

In *Euſtache*, neun und zwanzig Gaſſen.

Im

Im Quartier *des Hales*, sieben und zwanzig Gassen.

In *St. Dennis*, fünf und funfzig Gassen.

In *St. Martin*, vier und funfzig Gassen.

In *St. Paul*, oder *de la Mortellerie*, sieben und zwanzig Gassen.

In *de la Greve*, acht und dreyßig Gassen.

In *St. Avoy* oder der *Verrerie*, neunzehn Gassen.

Im Quartier *du Temple* oder *du Marais*, zwey und funfzig Gassen.

In *St. Antoine*, acht und sechszig Gassen.

In *Place Maubert*, ein und achtzig Gassen.

Im Quartier *de St. Benoist*, sechszig Gassen.

In *St. André des Arcs*, ein und funfzig Gassen.

Im Quartier *de Luxenbourg*, zwey und sechszig Gassen.

Und

Und im Quartier *de St. Germain des Prez*, fünf und funfzig Gassen, in welchen allen Sie gehen können; und wenn Sie solche mit allem, was dazu gehöret, hübsch bey Tage gesehn haben, ihre Thore, Brücken, Marktplätze, Statuen = = = und alle ihre Pfarr-Kirchen, *St. Roche*, *St. Sulpice*, ja nicht zu vergessen, durchgezogen sind = = = und um das Werk zu krönen, einen Spatziergang nach den vier Palldsten gethan haben, die Sie mit, oder ohne den Statuen und Gemählden besehen können, wie Sie Lust haben —

— So haben Sie gesehn —

— Aber das braucht Ihnen niemand zu sagen, denn Sie können es selbst lesen auf dem Portico des Louvre, in diesen Worten:

(*) **Die Erde kein solches Volk! — Kein Volk je solch eine Stadt, als Paris ist! Singt Derry derry dong!**

Die Franzosen haben eine lustige Art, alles was Groß ist, zu behandeln; das ist alles, was man davon sagen kann!

Neun-

(*) *Non Orbis gentem, non urbem gens habet ullam ulla parem.*

Neunzehntes Kapitel.

Bey dem Worte Lustig (wie es am Schlusse des vorigen Kapitels steht) wird einer (nemlich ein Autor) an das Wort Spleen, Niedergeschlagenheit oder mürrisch Gemüth, erinnert — besonders wenn er ein Lieblein davon zu singen weiß. Ich will damit nicht sagen, daß, vermöge der Analogie, oder einer Tabelle des Eigennutzes, oder der Genealogie, viel mehr Grund der Verbindung unter beyden zu seyn schiene, als unter Licht und Finsterniß, oder sonst andern sehr feindseligen Gegensätzen in der Natur — sondern es ist bloß ein schriftstellerischer Kunstgriff, ein gutes Vernehmen unter den Worten zu erhalten, wie die Staatsmänner unter den Menschen pflegen; weil sie oft nicht wissen, welche Noth sie bringen möchte, solche neben einander zu stellen — Da nun dieser Punkt gewonnen ist, und ich solche anstellen kann, grade wie mich gut dünkt, so setze ich hier hin: —

SPLEEN.

Dieses sagte ich bey Gelegenheit, da ich Chantilly verließ, wäre der beste Grundsatz von der Welt, geschwinde darnach zu reisen. Allein ich führte es bloß an, als eine Meynung, und bleib' auch noch dabey; — nur hatte ich damals nicht Erfahrung genug von seiner Wirkung, um dieses hinzuzufügen, daß, ob Sie zwar von der Stelle kommen, daß Ihnen der Staub um die Ohren fliegt, Sie doch auch zugleich nicht gar sonderliche Freude an Ihrem Fortkommen haben. Aus dieser Ursach entsag' ich hier demselben völlig und auf ewig, und steht er jedem, der ihn haben will, gern zu Diensten. Er hat mir die Verdauung eines guten Abendessens verderbet, und mir eine gallige Diarrhee verursacht, die mich wieder auf meinen ersten Grundsatz zurück geführt hat, nach welchem ich mich auf die Reise machte — und nach welchem ich nunmehr bis zu den Ufern der Garonne forteilen werde. —

Nein; — ich kann mich keinen Augenblick aufhalten, um Ihnen eine Beschreibung zu geben, von den Leuten — ihrer Denkart — ihren Sitten — ihren Gebräuchen — ihren Gesetzen — ihrer Religion —

ihrer

ihrer Regierungsform — ihren Fabriken — ihrem Handel — ihren Finanzen, mit allen den Hülfsmitteln und verborgenen Quellen, welche solche unterhalten: so gut ich auch dazu im Stande seyn mag, nachdem ich drey ganze Tage und zwey Nächte unter ihnen hingebracht, und diese ganze Zeit über nichts anders gethan habe, als, mich darnach erkundigen und darüber nachdenken —

Nach —. noch muß ich weiter — die Heerstraßen sind gepflastert — die Stationen sind kurz — die Tage sind lang — es ist kaum erst Mittag — ich kann noch eher nach Fontainebleau kommen, als der König —

Ging er dahin? — Das ich nicht wüßte! —

Zwanzigstes Kapitel.

Ich sag es rund heraus, ich kann es nicht leiden, wenn sich jemand, besonders ein Reisender, beklagt, daß man in Frankreich nicht so geschwind fortkomme, als in England; da man doch (*consideratis considerandis*,)

D 4   weit

weit geschwinder fortkommt; wobey ich immer verstanden haben will, wenn Sie ihre Fuhrwerke mit den Bergen von Gepäcke, hinten und vorne, aufwägen, und dann ihre Kracken von Pferden bedenken, und wie wenig sie ihnen geben, — es ist ein Wunder, daß man ganz und gar aus der Stelle kommt. Ihr Leiden ist ganz unchristlich, und ich bin innig überzeugt, ein französisches Postpferd würde auf Gottes Erdboden nicht wissen, was es thun sollte, wenn es nicht die Worte * * * * * * und * * * * * * * thäten, in welchen eben so viel Kraft steckt, als wenn man ihnen eine Metze Haber gäbe. Da nun diese Worte nichts kosten, so gelüstet michs in der Seele, dem Leser zu sagen, was es für welche sind, aber hier steckt der Knoten — man muß sie ihm rein heraus und mit der deutlichsten Aussprache sagen, oder sie helfen nichts — und dennoch sie so rein und deutlich herauszusagen — obgleich Dero Hochwürden in Ihrem Kämmerlein darüber lachen möchten, — so weiß ich doch gar wohl, daß Sie im Sprachzimmer mächtig dagegen eifern würden. Aus dieser Ursach habe be ichs schon einige Zeit, wiewohl vergebens, hin und her überlegt, durch was für eine zierliche Wendung oder witzige Verkehrung ich ihnen eine solche Modulation geben könnte, daß ich, derweile ich das Ohr, welches der Leser mir zu leihen belieben möchte, befriedige, das andre nicht beleidige, welches er für sich behalten will.

— Meine Dinte brennt mir an die Finger, zu versuchen — und ists gethan — so wirds noch ärger werden — sie wird, (besorg' ich,) mein Papier anzünden.

— Nein, — ich darfs nicht wagen —

Aber wenn Sie zu wissen wünschen, wie sich die Aebtißinn von Andouillets, und eine Noviziatnonne ihres Klosters aus der Schwierigkeit halfen, (nur müssen Sie mir auch ja erst wünschen, daß ich nicht stecken bleibe) das will ich Ihnen ohn' alle Bedenklichkeit sagen.

Ein und zwanzigstes Kapitel.

Die Aebtißinn von Andouillets (eine Abtey, welche Sie, wenn Sie in die lange Suite von Provinzialcharten sehn wollen, die itzt in Paris herauskommt, in den Gebirgen suchen müssen, welche Burgund von Savoyen scheiden) war in Gefahr eine *Anchylosis*, oder steifes Gelenk zu bekommen (die *Sinovia* ihres Kniees verhärtete sich durch die langen Metten) und hatte alle Mittel versucht; — erst Fürbitte und Danksagung; darauf Anrufung aller Heiligen im Himmel unter einander; — dann jedes Heiligen insbesondere, der jemals ein steifes Gelenk vor ihr gehabt hatte; — dann die Berührung mit allen Reliquien des Klosters, hauptsächlich mit dem Hüftbeine des Mannes von Lystra, der von Kindesbeinen an unvermögend gewesen war — darauf wickelte sie es in ihren Schleyer, wenn sie zu Bette ging — dann kreuzweis in ihren Rosenkranz — darauf nahm sie den weltlichen Arm zu Hülfe, und salbte es mit Oel und geschmolzenem Fette von Thieren — legte erweichende und auflöfende Umschläge darauf — Kräuterpflaster von Pappelweiden, Gutenhinrich, weisse Lilien und *foenum graecum*; — dann nahm sie Holz, ich will sagen Dampf von Holz, indem sie ihr Scapularium queer über ihren Schooß legte; alsdann Dekocte aus wilder Cichorie, Wasserkresse, Kerbel, Löffelkraut u. s. w. — Da aber alles das gar nichts helfen wollte, sah sie sich endlich genöthigt, die warmen Bäder zu Bourbon zu gebrauchen. — Nachdem sie also vorher von dem General=Visitator Erlaubniß erhalten hatte, für ihre Gesundheit zu sorgen — befahl sie, alles zu ihrer Reise zu veranstalten.

Eine Noviziatnonne des Convents, von ungefehr siebzehn Jahren, die mit einem Fingerwurm an ihrem Mittelfinger geplagt gewesen, hatte sich dadurch bey der Aebtißinn in grosse Gunst gesetzt, daß sie den Finger beständig in der Aebtißinn weggeworfene Kräuterpflaster gesteckt hatte — eine alte gichtbrüchige Nonne, der die warmen Bäder zu Bourbon das Leben hätten wiedergeben können, mußte daher nachstehn, und Margaretha,

retha, die kleine Noviziate, ward zur Reise= gesellschafterinn erwählet.

Eine alte Kalesche, die der Aebtißinn gehörte, und mit grünem Frieß ausgeschlagen war, wurde auf Befehl heraus, in die Sonne, geschoben — der Klostergärtner, der zum Maulthiertreiber erkohren worden, zog die beyden alten Maulthiere hervor, und knipfete ihnen die Haare von den stumpfen Schweifen, derweile ein Paar Layenschwestern ihren Fleiß anwandten; die Eine, den grünen Frieß in der Kalesche zu flicken, und die Andre, die Endchen von gelber Litzenschnur wieder aufzunähen, welche der Zahn der Zeit abgenaget hatte. — Der Untergärtner nahm heisse Weinhäfen und färbte darinn seines Vorgesetzten Hut auf. Der Schneider sorgte in seiner Bude, dem Kloster gegen über, für die Musik; nähete ein Paar Dutzend Schellen auf das Geschirr, und so oft er eine Schelle oder Glöcklein mit einem Riemen befestigte, pfiff er Eins dazu.

— Der Zimmermann und Schmidt in Andouilleis hielten einen Rad=Rath; und um

sieben

sieben Uhr des andern Morgens sah alles aus wie gekehrt und geschmückt, und stund vor dem Klosterthorwege, fertig zur Reise nach den warmen Bädern zu Bourbon —— zwey Reihen Nothleidende hatten sich schon eine Stunde vorher davor gestellt.

Die Aebtißinn von Andouillets ging auf Margarethens, der Noviziatnonnen Arm gestützt, langsam nach dem Wagen; beyde waren in weiß gekleidet und hatten schwarze Rosenkränze an ihrer Brust hängen. ——

—— Der Abstich hatte etwas ungekünsteltes Feyerliches. Sie stiegen in die Kalesche. Die Nonnen, in eben der Uniform, liebliches Sinnbild der Unschuld, stunden alle vor ihren Fenstern, und wie die Aebtißinn und Margaretha hinaufsahen, ließ jede (die arme gichtbrüchige Nonne ausgenommen) den Zipfel ihres Schleyers in die Luft fliegen —— und küßte dann die Lilienhand, welche ihn fahren ließ. Die gute Aebtißinn und Margaretha legten ihre Hände nach Art der Heiligen auf ihre Brust, —— sahn auf gen Himmel. ——

dann

dann nach ihnen, und sagten mit Blicken: „Gott sey bey Euch, liebe Schwestern!„

Ich versichre, ich nehme vielen Antheil an der Geschichte, und wünschte, ich wäre dabey gewesen.

Der Gärtner, den ich hinführo lieber den Fuhrmann nennen will, war ein kleiner, derber, festknochiger, gutherziger, schwatzhafter Saufaus von Kerl; der sich wenig um Morgen bekümmerte, wenn er nur Heute was hatte; er hatte einen Monat von seinem Klostergärtnerlohne für einen Borrachio, oder ledernen Weinschlauch verpfändet, welchen er hinten auf der Kalesche befestigt, und mit einem braunrothen Mantel vor der Sonne bedeckt hatte; und da das Wetter heiß, und er kein fauler Kerl war, sondern zehnmal mehr zu Fusse ging, als sich aufsetzte — so fand er öfter Gelegenheit, als die Natur erheischte, seinem Fuhrwerke in den Rücken zu fallen; bis durch das öftre Gehn und Kommen es dahin gediehe, daß alle sein Wein aus dem achten Spundloche des Schlauches herausgeläckt

lĺckt war, noch ehe die Hälfte der Reise zurückgelegt worden.

Der Mensch ist ein Geschöpf, das sich von der Gewohnheit regieren lässet. Der Tag war schwüle gewesen, der Abend war herzlich angenehm — der Wein war kräftig — der Burgundsche Hügel, an dem er wuchs, war steil. Ein kleiner verführerischer Kranz über der Thüre einer kühlen Bauerhütte am Fusse desselben hing da, und machte harmonische Schwingungen mit seiner Weinlust — ein kleines Lüftchen säuselte ganz deutlich durch die Blätter: — „Komm, komm, durstiger Fuhr„mann! — komm herein!„

Der Fuhrmann war Adamsgeschlechts, weiter brauch' ich kein Wort zu sagen. Er gab den Maulthieren, jedem einen derben Hieb und sah dabey der Aebtißinn und Margarethen ins Gesicht, als zu sagen, „hier bin ich„ — darauf klatschte er noch einmal lustig mit der Peitsche — als ob er damit zu den Mauleseln sagen wollte: „Zieht zu!„ — und damit schlich er hinten herum in das kleine Wirthshaus am Fusse des Hügels.

Der

Der Fuhrmann, wie ich schon gesagt, war ein kleiner, lustiger, schwatzhafter Kerl, der nicht auf Morgen dachte, noch auf das, was vorhergegangen war, oder hernach folgen würde, wenn er nur sein Maaß Burgunder hatte und sein Wort dabey plaudern konnte. Er gerieth also bald in ein langes Gespräch, wie daß er, so zu sagen, der Obergärtner beym Kloster zu Andouillets wäre u. s. w. und aus Freundschaft für die Aebtißinn und Mademoiselle Margaretha, die nur noch im Noviziat wäre, wäre er mit ihnen von den Savoyischen Grenzen mit heraufgereiset u. s. w. und wie sie, so zu sagen, einen weissen Geschwulst gekriegt, aus Andacht — und was ein Haufen Kräuter er hätte angeschaft, die Materie zu vertreiben, u. s. w. und daß, wenn die Bäder zu Bourbon ihr Bein nicht gut machten, so könnte sie, so zu sagen, ihr Lebstage ein lahm Bein daran haben u. s. w. Er wußte seine Historie so zu erzählen, daß er darüber die Heldinn rein vergaß und mit ihr die kleine Probenonne, und was noch kitzlicher zu vergessen war, als alle beyde, die zwey Maulthiere; welches Geschöpfe sind, die gerne die

Welt

Welt hintergehen, um so mehr, da ihre Ael=
tern sie hintergangen haben, — und da sie
nicht [wie Männer, Weiber und Thiere] im
Stande sind, diese Verbindlichkeit in Absteig=
gender Linie zu erwiedern — so thun sie es
Seitwärts und Rückwärts — Bergauf und
Bergnieder, so gut sie können. — Die Phi=
losophen, mit aller ihrer Moral, haben die=
ses noch nie aus dem rechten Gesichtspunkte
betrachtet: — wie sollte es denn der Fuhr=
mann mit seiner Nase im Glase! — Sonach
wird es Zeit, daß wir es thun. Laß uns
ihn also im Wirbel seines Elements, als den
glücklichsten und gedankenlosesten Sterblich=
sten verlassen — und auf einen Augenblick
nach den Maulthieren, der Aebtißinn und
der Noviziatnonne sehen.

Die beyden letzten Hiebe des Fuhrmanns
hatten so viel gewirkt, daß die Maulthiere
ruhig fortschlenderten, und nach bestem Wissen
und Gewissen den Berg hinan gingen, bis sie
etwann eine Hälfte davon erstiegen hatten;
da denn das Aeltere von beyden, ein alter
listiger Hund von Maulesel, als der Weg

einen Winkel machte, von der Seite schielte, und da er keinen Treiber gewahr ward —

Fickelmein! sagt' es, (es sollte ein Schwur seyn!) ich geh nicht weiter — Ja, wenn ichs thue, versetzte das Andre, so sollen sie meinen Balg auf die Trummel spannen. —

Und somit standen sie einmüthig still. —

Zwey und zwanzigstes Kapitel.

— Wollt ihr bald zugehn? sagte die Aebtißinn.

— Ho — t — ot — ho — t et, rief Margaretha.

— He — he — he — die Aebtißinn.

— Hu — ruh — ho — ruh — huhrete Margaretha, und spitzte ihre süssen Lippen halb zum Rufen und halb zum Pfeifen.

Stupp — stupp — stupp! — stuppete die Aebtißinn mit ihrem, mit Gold beschlagenen Spatzierstocke, auf den Boden der Kalesche.

Das

Das alte Maulthier beantwortete den Ton rückwärts.

Drey und zwanzigstes Kapitel.

Wir sind verlohren, mein Kind; wir sind des Todes, sagte die Aebtißinn zu Margaretha — wir müssen hier die ganze Nacht halten — sie werden uns plündern, — sie werden uns schänden!

— Ach du liebste Zeit, sagte Margaretha, müssen wir nun geschändet werden!

Sancta Maria! schrie die Aebtißinn (und vergaß das O!) — Warum ließ ich mich das gottlose steife Gelenke verleiten? warum hab ich mein Kloster zu Andouillets verlassen? Ach, warum liessest du deine Magd nicht unbefleckt in die Grube fahren.

O mein Finger! mein Finger! schrie die Probenonne, welche bey dem Worte Magd Feuer fing. Ach hätt' ich ihn lieber hier oder dorthin gesteckt, als daß ich ihn ins warme

E 2 Bad

Bad stecken will, und darüber hier in die Klemme gerathe!

— Klemme! sagte die Aebtißinn.

Klemme, sagte die Probenonne: denn der Schrecken hatte ihren Verstand betäubt — die Eine wußte nicht, was sie sagte, noch die Andre, was sie antwortete.

O meine Keuschheit! Keuschheit! schrie die Aebtißinn.

— eischheit! — eischheit! sagte die Noviziatnonne.

Vier und zwanzigstes Kapitel.

Theureste Mutter, sagte die Probenonne, als sie sich ein wenig besann — es giebt zwey gewisse Wörter, welche, wie man mir gesagt hat, alle Pferde, Esel und Maulthiere zwingen, einen Berg hinan zu gehn, sie mögen wollen oder nicht; wenn sie auch noch so widerspänstig oder stätisch sind, den Augenblick, da sie solche aussprechen hören, sind sie

ge=

gehorsam. Das sind Zauberworte! schrie die Aebtißinn, mit dem äussersten Entsetzen — Nein, antwortete Margaretha gelassen — aber es sind sündliche Worte — Was sind sie? sagte die Aebtißinn, die ihr in die Rede fiel. Es sind sündliche Worte im höchsten Grade, antwortete Margaretha — todtsündlich — und wenn wir geschändet werden, und sterben, ehe wir davon absolvirt worden, so sind wir beyde — Gegen mich können Sie sie aussprechen, sagte die Aebtißinn von Andouillets. — Sie können, liebste Mutter, sagte die Novizlatnonne; sie können gar nicht ausgesprochen werden; sie würden machen, daß einem das Blut aus allen Adern ins Gesicht stiege. — Aber ins Ohr können Sie mir sie doch flüstern, sagte die Aebtißinn.

Himmel! hattest du keinen Schutzengel nach dem Wirthshause am Fuße des Hügels zu senden? War eben kein großmüthiger freundschaftlicher Geist ohne Geschäfte? — Kein Bothe in der Natur, der durch einen annahenden Schauder, der durch die Pulsadern kroch, welche zum Herzen führen, den Fuhrmann

mann von seinem Gelage fortgetrieben hät=
ten? kein lieblicher Leyermann, der die ange=
nehme Idee von der Aebtißinn und Margarethen mit ihren schwarzen Rosenkränzen zurück rief!

Stürmt ihn auf! stürmt ihn auf! — Doch,
's ist zu spät — Die erschrecklichen Worte sind
diesen Augenblick schon ausgesprochen —

— Und wie soll ich sie sagen? — Ihr,
die ihr von jedem vorhandenen Dinge mit
unbefleckten Lippen reden könnt — lehrt mich
— führt mich! —

Fünf und zwanzigstes Kapitel.

Alle Sünden insgesammt, sagte die Aebtif=
sinn, welche die Noth, in der sie steck=
ten, zur Casuistinn machte, werden von un=
serm Beichtvater im Kloster eingetheilt, in
Todtsünden, oder Erlassungssünden. Mehr
Abtheilungen giebt es nicht. Nun aber ist
eine Erlassungssünde die leichteste und gering=
ste von allen Sünden — wenn sie halbirt
wird,

wird, — indem man nur die Hälfte aufnimmt und das andre liegen läßt — oder, wenn man sie ganz aufnimmt und sie mit einer andern Person freundschaftlich theilt — wird sie dadurch so dünne, daß es fast gar keine Sünde mehr bleibt.

Und nun seh' ich die Sünde nicht, wenn man hundertmal *Bou*, *bou*, *bou*, *bou*, *bou*, sagt; eben so wenig seh' ich das Unreine dabey, wenn man von den Metten bis zur Vesper die Sylbe *ger*, *ger*, *ger*, *ger*, *ger*, sagte. Also, meine liebe Tochter, fuhr die Aebtißinn von Andouillets fort, will ich *bou* sagen, und sage Du *ger*. Und hernach, zur Abwechselung, weil nicht mehr dabey ist, ob man *fou*, oder *bou* sagt, sollst Du *fou* sagen und ich will eintreten (wie *fa*, *fol*, *la*, *re*, *mi*, *ut*, in unsern Abendstunden) mit *ter*. Und dem zufolge, fing die Aebtißinn, die den Ton angab, folgendergestalt an:

Aebtißinn	Bou —	bou —	bou —
Margaretha	— ger —	ger —	ger.
Margaretha	Fou —	fou —	fou —
Aebtißinn	— ter —	ter —	ter.

Die

Die beyden Maulthiere zeigten durch ein gegenseitiges Wedeln mit dem Schweife an, daß ihnen die Noten bekannt wären; — weiter aber gings nicht. — Nach gerade wird es schon gehen, sagte die Probenonne.

Aebtißinn]*Bou-bou-bou-bou-bou-bou-*
Margaretha]-*ger-ger-ger-ger-ger-ger.*

Presto! schrie Margaretha!

Fou, fou, fou, fou, fou, fou, fou, fou, fou.

Prestissimo! schrie Margaretha.

Bou, bou, bou, bou, bou, bou, bou, bou, bou.

Velocissimo! Behüt und bewahre! sagte die Aebtißinn — Sie verstehn uns nicht, schrie Margaretha. — Aber der Satan verstehts, sagte die Aebtißinn von Andouillets.

Sechs und zwanzigstes Kapitel.

Welche eine Strecke Landes bin ich durchgestrichen! — Und wie viele Grade hab' ich mich der wärmern Sonne genähert,

und

und wie manche schöne und gute Stadt hab' ich unter der Zeit gesehen, daß Sie diese Historie gelesen und darüber nachgedacht haben, Madame! Da ist Fontainebleau, und Sens, und Joigny, und Auxerre, und Dijon, die Hauptstadt in Burgund, und Challon, und Macon, die Hauptstadt im Maconesischen, und ein Schock andrer mehr, auf der Reise nach Lyon. — Und nun, nachdem ich sie durchgestrichen bin — möcht' ich Ihnen eben so lieb Etwas von eben so vielen Marktflecken im Monde erzählen, als Ihnen ein einziges Wort davon sagen. Ich mag es anfangen, wie ich will, so wird wenigstens dieses Kapitel, wo nicht gar auch das nächstfolgende, gänzlich verlohren gehen.—

Ey ey! es ist eine seltsame Historie, Tristram!

— — — Ach ja, Madame; wär' es eine traurige Rede vom Kreuze — vom Frieden der Demüthigen — oder der Zufriedenheit der Selbstverleugnung gewesen — ich wäre unbemerkt durchgeschlichen: oder, wäre mirs eingefallen, Etwas von den reinen Abstractſtracktionen der Seele und der Nahrung der Weisheit, der Heiligkeit und der innern Beſchauung zu ſchreiben, Von welcher der Geiſt des Menſchen (wenn er von dem Körper getrennet iſt) beſtändig ſeine Kräfte und ſein Leben erhält, — Sie würden eine beſſre Eßluſt dabey behalten haben. —

Ich wünſchte, daß ich ſie niemals geſchrieben hätte; aber da ich nun einmal nichts ausſtreichen mag — ſo laſſen Sie uns auf anſtändige Mittel denken, wie wir ſie je eher je lieber aus dem Kopfe bringen wollen.

Seyn Sie ſo gütig und reichen mir meine Schellenkappe her — ich fürchte, Sie ſitzen darauf, Madame, — ſie liegt unterm Kiſſen, ich will ſie aufſetzen —

Bewahre mich! Sie haben ſolche ſchon eine halbe Stunde aufm Kopfe. — Nun ſo laß ſie ſitzen, und

Fa — ra diddle di
und a fari diddle di
und a heih — dum — diddle dum
diddlo dum. C.

Nun=

Nunmehr, Madame, dächt' ich, könnten wirs schon wagen, ein wenig fortzufahren.

Sieben und zwanzigstes Kapitel.

— Von Fontainebleau brauchen Sie weiter nichts zu sagen, (wenn man Sie fragen sollte) als, daß es ungefehr acht Meilen (etwas Südwärts) von Paris, mitten in einem grossen Walde, liegt — daß etwas Grosses darinn ist — daß der König alle zwey oder drey Jahre Einmal mit seinem ganzen Hofe dahin geht, das Vergnügen der Jagd zu geniessen — und daß, während dieses Jagdcarnevals, jeder engländische Fremde vom Stande (Sie brauchen sich nicht zu vergessen) mit einem oder ein Paar Jagdkleppern versehen werden mag, um Theil an der Jagd zu nehmen; nur daß er sich vorsieht, dem Könige nicht vorzureiten —

Sie brauchen aber, aus zwey Ursachen, hiervon gegen Jedermann eben nicht laut zu sprechen.

Erst=

Erſtlich, weil ſonſt die beſagten Klepper deſto ſchwerer zu bekommen ſeyn möchten; und

Zweytens, weil kein wahres Wort daran iſt. —

— Nun! immer vorwärts!

Sens — können Sie mit zwey Worten abfertigen. — Es iſt ein Erzbiſchöfli= cher Sitz.

— Joigny — je weniger davon ge= ſagt wird, denk' ich — deſto beſſer.

Aber Auxerre — Jahre könnt' ich davon ſprechen! Denn auf meiner groſſen Reiſe durch Europa, auf welcher mich mein Vater (der mich nicht gerne jemand anderm anvertrauen wollte) mit meinem Oncle To= by, und Trim, und Obadiah, und faſt mit den meiſten des Hausgeſindes begleitete, mei= ne Mutter ausgenommen, die ſich vorgenom= men hatte, meinem Vater ein Paar neue ab= getragene Strumpfhoſen zu ſtricken — (der Name

Name ist so richtig, als ein hölzerner Schleif=
stein) — und weil sie sich in ihrem Vorha=
ben nicht gerne stören lassen wollte, blieb sie
daheim zu Schandyhall, um während der
Reise das Haus zu hüten — Auf welcher
Reise, wie ich sage, uns mein Vater zwey
Tage zu Aurerre stille liegen ließ; und da
seine Nachforschungen beständig von so gestal=
ter Natur waren, daß sie Früchte in einer
Wüsteney aufgefunden hätten — so hat er
mir genug an die Hand gegeben, von Aurerre
zu sagen. Kurz, mein Vater mochte hin=
kommen, wohin er wollte — ganz vorzüg=
lich aber auf dieser Reise durch Frankreich und
Italien, vor allen übrigen Auftritten seines
Lebens — schien sein Weg von allen andern,
auf welchen die übrigen Reisenden vor ihm
gekommen waren, sehr seitwärts zu liegen. —
Er sah Könige und Höfe und seidene Stoffe
von allerley Farben in so seltsamen Lichtern —
und seine Anmerkungen und Betrachtungen
über die Charaktere, die Sitten und die Ge=
bräuche der Länder, durch welche wir kamen,
waren den Anmerkungen und Betrachtungen
aller übrigen sterblichen Menschen so entge=
gen

gen gesetzt, besonders denen von meinem Oncle Toby und Trim, (meiner selbst nicht zu erwähnen) — und endlich und zuletzt, waren die angenehmen und unangenehmen Zufälle, die uns ohn Unterlaß, zufolge seines Systems und Eigensinns, auf= und zustießen — von einer so wundersamen, vermischten und tragischkomischen Gattung — daß das Ganze, wenn es zusammengesetzt ist, von einer Schattirung und Färbung ist, so verschieden von allen und jeden andern Reisen durch Europa, die jemals beschrieben sind, — daß ich Nichts zu wagen glaube, wenn ich behaupte — die Schuld mußte denn an mir, und zwar an mir alleine, liegen — die Reisenden und Reisebeschreibungleser allzumal werden es lesen, so lange, bis kein Reisen mehr seyn wird, — oder welches auf Eins hinausläuft, — bis endlich die Welt sichs in den Kopf setzt, still zu stehn. —

Allein dieser reiche Ballen darf itzt noch nicht geöfnet werden; nur ein oder ein Paar Faden daraus, bloß um das Geheimniß von meines Vaters Aufenthalt zu Auxerre auszufinden.

— Da

— Da ichs einmal erwähnt — ist's zu unbeträchtlich, um es beyseite zu legen; und wenn 's eingewebt ist, so hat das Ding damit ein Ende!

Wir wollen, Bruder Toby, sagte mein Vater, derweile das Essen am Feuer schmoret, nach der Abtey Saint Germain gehn, wenn wir auch weiter nichts sehn, als diese Leichen, davon Monsieur Sequier so viel Rühmens macht. — Bestatten sie hier die Leichen des Mittags? Ich will doch mitgehn, sagte mein Oncle Toby; denn er war die ganze Reise über blosse Gefälligkeit. Ich meyne keine Leichenbestattung, sagte mein Vater, sondern Leichen, Leichname; — es sind lauter Mumien. — So brauchen wir ja wohl nicht erst auf den Barbier zu warten; sagte mein Oncle Toby — Gar nicht! rief mein Vater — es giebt mehr Familienähnlichkeit, wenn wir mit den Bärten hingehn. Und damit marschirten wir ab; der Korporal faßte seinen Herrn unterm Arm und schloß den Zug nach der Abtey Saint Germain.

Alles

Alles ist sehr hübsch, sehr reich, sehr kostbar, sehr prächtig, sagte mein Vater zu dem Sacrist, welcher ein junger Mensch vom Benediktinerorden war — aber uns hat die Neugierde hergeführt, die Leichen zu besehen, von denen Monsieur Sequier der Welt eine so genaue Beschreibung gegeben hat. Der Sacrist machte eine Verbeugung, und nachdem er eine Fackel angezündet hatte, die er des Endes allzeit in der Sacristey bereit hielt, führte er uns nach dem Grabe des heiligen Scribald. — Dieser, sagte der Sacrist, wobey er seine Hand auf das Grab legte, war ein berühmter Prinz aus dem Bayerischen Hause, der unter den verschiedenen Regierungen Carls des Grossen, Ludewig des Gütigen, und Carls des Kahlen, vielen Einfluß, und den vornehmsten Antheil daran hatte, daß Ordnung und Disciplin wieder hergestellt wurde.

So ist er also eben so groß im Felde gewesen, sagte mein Oncle Toby, als im Kabinette. — Er ist gewiß ein tapfrer Soldat gewesen, nicht wahr? — Er war ein Mönch, sagte der Sacrist.

Mein

Mein Oncle Toby und Trim suchten einer in des andern Gesichte Trost, — und fanden ihn nicht; mein Vater schlug mit beyden Händen auf seinen Hosenlatz, welches so seine Art war, wenn ihn etwas recht kitzelte; denn ob er gleich keine Mönche leiden konnte, und sogar lieber höllisches Pech und Schwefel gerochen, als nur einen Mönch auf hundert Schritt — so that es ihm doch, verhältnißmäßig, ganz sanft, daß der Schuß meinen Oncle Toby und den Korporal Trim härter traf, als ihn selbst; und das machte ihn äusserst aufgeräumt und lustig.

— Sagen Sie mir doch, wie nennen Sie diesen Herrn? sagte mein Vater, ein wenig scherzhaft. Dieses Grab, sagte der junge Benediktiner, wobey er zur Erden sah, enthält die Gebeine der heiligen Maxima, welche von Ravenna kam, um den Körper des —

— Des heiligen Marimus zu berühren, sagte mein Vater, und platzte mit seinem Heiligen herein, eh der andre noch ausgespro-

sprochen hatte — es waren zwey der gröſſe=
ſten Heiligen aus dem ganzen Verzeichniß
der Märtyrer, ſetzte mein Vater hinzu. —
Verzeihen Sie, ſagte der Sacriſt — es war,
um die Gebeine oder den Körper des heiligen
Germain, des Erbauers der Abtey, zu be=
rühren — Und was hatte ſie davon? ſagte
mein Oncle Toby. Nun was haben immer
die Weiber davon? ſagte mein Vater —
Die Marterkrone; erwiederte der junge Bene=
diktiner, bückte ſich dabey tief bis zur Erde,
und ſprach das Wort mit einem ſo demüthi=
gen, aber zugleich ſo entſcheidenden Tone
aus, daß es meinen Vater auf einen Au=
genblick entwafnete. Man hält dafür, fuhr
der junge Benediktiner fort, daß die heilige
Marima ſchon ſeit vierhundert Jahren in die=
ſem Grabe liegt, und ſeit zweyhundert Jah=
ren vor ihrer Heiligſprechung. — Das
Avancement geht unter dieſem Heere der Mär=
tyrer ein wenig langſam, Bruder Toby, ſagte
mein Vater. — Gar herzlich langſam, 'R
Gnaden, wenn man nicht kaufen kann —
Lieber verkaufte ich ganz und gar meinen Platz,
ſagte mein Oncle Toby. — Ich bin
ſehr

sehr Deiner Meynung, Bruder Toby, sagte mein Vater.

— Arme Sanct Marima! sagte mein Oncle Toby leise zu ihr, als wir von ihrem Grabe weggingen. Sie war eine der schönsten und liebenswürdigsten Weiber, sowohl in Frankreich als Italien, fuhr der Sacrist fort — Aber, wer ist denn das, den man ihr hier beygelegt hat, sagte mein Vater, und zeigte mit seinem Stocke auf ein grosses Grab, wie wir vorbeygingen. — Das ist Sanct Optat, mein Herr, antwortete der Frater.

Sanct Optat liegt da recht gut, das muß wahr seyn! sagte mein Vater. Und was ist vom Sanct Optat zu merken? fuhr er fort. Sanct Optat, versetzte der Sacrist, war ein Bischof —

— Dacht' ichs nicht! wahrhaftig! rief mein Vater, der ihm ins Wort fiel — Sanct Optat! — Es konnte Sanct Optat nicht fehlen! Damit riß er sein Taschenbuch hervor, und indem ihm der junge Benediktiner mit

Aligniac geliehen hat, und wo ich itzt sitze und alle diese Sachen zusammen backe.

Ich muß erst zum Besinnen kommen, hernach will ich weiter reisen.

Neun und zwanzigstes Kapitel.

Es ist mir lieb, sagt' ich, wie ich die Sache bey mir selbst in Ueberschlag brachte, indem ich in Lyon hinein ging — meine Chaise war mit meinem Gepäcke wie Kraut und Rüben durch einander auf einen Karren geworfen, der langsam vor mir auf fuhr — es ist mir sehr lieb, sagt' ich, daß das alles in Stücken gebrochen ist; denn nun kann ich grades Weges zu Wasser nach Abignon gehn, welches mich eine vier und zwanzig Meilen auf meiner Reise weiter bringen und nicht über sieben Livres kosten wird — und dort, fuhr ich fort, und ging mit meinem Ueberschlage weiter, kann ich

nius mit so grossen Ehren bey Gelegenheit der Erzählung gedacht hat, die seinem Namen zugeeignet ist. Siehe pag. 329 der kleinen Edition.

ich ein Paar Maulthiere miethen — oder Esel, wenn ich Lust habe, (denn wer kennt mich!) und das platte Land von Languedoc durchreisen, fast umsonst. — Der Unfall wird mir reine vier Hundert Livres im Beutel ersparen. Und Vergnügen! ha! das noch Einmal so viel werth ist. In was für einem Fluge, fuhr ich fort, und schlug meine beyden Hände zusammen, werde ich den schnellen Rohne-Strom hinunter fahren, das Vivaresische zu meiner Rechten, und das Delphinat zu meiner Linken; ich werde kaum die alten Städte Vienne, Valence und Vivieres in die Augen bekommen! Was für eine Flamme wird es in der Lampe anzünden, wenn ich so eine glühende Traube vom Hermitage oder Cote-roti abreisse, wie ich am Fusse der Weinberge vorbey schiesse! und was für neue Federkraft ins Blut! wenn ich an den Ufern die romantischen Schlösser bald näher kommen, bald sich entfernen sehe, woraus die edlen Ritter vordem die verwünschten Prinzeßinnen und unglücklichen Gefangenen erlösten — und wenn ich mit schwindelnden Augen die Felsen, Gebirge, Cataracte und alle das Gewühl sehe,

worinn

worinn die Natur mit ihren grossen Werken
begriffen ist! —

Als ich so fort dachte, schien mir mein Reise=
sewagen, dessen Wrak mir anfangs noch
stattlich genug vorkam, nach und nach immer
geringer und kleiner zu werden; die frische
Farbe, womit er angemahlt war, verschwand
— die Vergoldung verlohr ihren Glanz —
und die ganze Geschichte fiel mir so armselig
in die Augen — so bettelhaft! — so verächt=
lich! und, mit einem Worte, so viel schlech=
ter, als selbst die Kalesche der Aebtißinn von
Andouillets — daß ich eben den Mund auf=
thun wollte, um sie dem Herrn Urian zu
übergeben, als ein schlauer Wagenphilister
über die Gasse daher eilte, und fragte: ob
Monsieur seinen Reisewagen wollte wieder zu=
recht gemacht haben? — Nein, nein, sagt'
ich, und schüttelte meinen Kopf seitwärts.
— Wär's Monsieur gefällig, ihn abzustehn?
versetzte der Philister — Von Herzen gerne,
sagt' ich; das Eisenwerk ist seine vierzig Li=
vres werth — und die Gläser eben so viel —
und das Leder schenk' ich Ihnen in die Küche.

— Was

— Was für eine reiche Fundgrube, sagt' ich, als er das Geld zählte, wird mir aus dieser Postchaise! Und das ist so meine gewöhnliche Art, Buch zu halten, wenigstens mit den Unglücksfällen des Lebens. Jedem, wie er mich betrift, habe ich für Etwas zu creditiren.

— Komm, meine liebste Jenny, sage der Welt für mich, wie ich mich bey einem der allerniederschlagendsten betragen, der mich als einen Mann treffen konnte, der, wie billig, auf seine Mannheit stolz ist.

Es ist genug, sagtest Du, und kamst näher zu mir, als ich mit theinen Strumpfbändern da stund, und darüber nachsann, was nicht geschehen war. — Es ist genug, Tristram, und ich bin zufrieden, sagtest Du, und wispeltest mir diese Worte in die Ohren: * * * * * * * * : * * * * * * * ; * * * * * * * * * *. — Ein jeder andrer Mann wäre darüber tief in die Erde gesunken.

— Kein

— Kein Ding in der Welt, das nicht wozu gut ist, sagt' ich.

— Ich will nach Wallis gehn, und die Ziegenmolken trinken — und ich werde des Zufalls wegen sieben Jahr länger leben. Aus dieser Ursach halte ich mich für nicht zu entschuldigend, daß ich Madame Fortuna so oft dafür ausgescholten, daß sie mich, als eine hämische Prinzeßinn, wie ich sie nannte, mein ganzes Leben durch mit so manchen kleinen Uebeln gewamset habe. Sicherlich, hab' ich irgend Ursach, einen Pick auf sie zu haben, so ist es deswegen, daß sie mir keine grosse zugeschickt hat. — Ein Schock, oder so ungefehr, tüchtiger, verdammt grosser Verluste, wäre mir so gut gewesen, als eine Pension.

— Eine von ungefehr fünfhundert Thalern jährlich, ist alles, was ich wünsche — von einer grössern müßt' ich nur Steuer bezahlen, und die Plackerey möcht' ich nicht gerne haben.

Drey

Dreyßigstes Kapitel.

Für denjenigen, der Plackerey Plackerey nennet, und weiß, worinn sie bestehet, konnte keine grössre erdacht werden, als einen ganzen Tag in Lyon zu seyn, der wohlhabendsten und blühendsten Stadt in Frankreich, mit den meisten Ueberbleibseln des Alterthums bereichert, und nicht dazu kommen zu können, sie zu besehen. Durch irgend Etwas davon abgehalten zu werden, müßte schon eine Plackerey seyn, aber durch eine Plackerey abgehalten zu werden — war gewiß, was die Philosophen mit Recht

Plackerey
über
Plackerey

nennen.

Ich hatte meine zwey Tassen Milchkaffee getrunken (welches, beyläufig gesagt, gar vortreflich wider die Schwindsucht ist; aber man muß den Kaffee in der Milch kochen lassen — sonst ist es nur Kaffee mit Milch) und da es noch

noch nicht später war, als acht Uhr des Morgens, und das Boot erst des Nachmittags abging, so hatte ich Zeit überley, so viel von Lyon zu sehen, womit ich die Gedulb aller Freunde, die ich in der Welt hätte, hätte ermüden können. Ich will einen Gang nach der Hauptkirche thun, sagt' ich, indem ich mein Verzeichniß ansah, und vor allen Dingen den bewunderuswürdigen Mechanismus der grossen Uhr vom Lippius von Basel in Augenschein nehmen. —

Nun versteh' ich von allen Dingen unter der Sonne von der Mechanik am allerwenigsten. — Ich habe weder Neigung, Geschmack, noch Lust dazu — und mein Kopf ist zu allem, was mechanisch heißt, so ungeschickt, daß ich's feyerlich bekenne, ich bin in meinem Leben noch nicht im Stande gewesen, die mechanischen Grundsätze zu begreifen, nach welchen ein Eichhornkeficht oder ein gemeines Scheerenschleiferrad gemacht werden kann — ob ich gleich eine manche schöne Stunde den einen ganz andächtiglich betrachtet, — und dem andern mit aller möglichen christlichen Gedulb zugesehen habe.

Das

Das Erste, was ich vor allem andern thun will, soll seyn, die erstaunlich künstliche Einrichtung dieser grossen Uhr zu besehen; und dann will ich der grossen Bibliothek bey den Jesuiten einen Besuch abstatten, und trachten, daß ich, wo möglich, die dreyßig Bände der allgemeinen Geschichte von China zu sehn bekomme, welche (nicht in tartarischer sondern) in chinesischer Sprache, und dazu mit chinesischen Buchstaben geschrieben ist.

Da ich nun fast eben so wenig von der chinesischen Sprache verstehe, als von dem Mechanismus des Uhrwerks vom Lippius; so überlasse ichs dem forschenden Leser als ein Problem in der Natur, warum diese beyden Artikel gerade zuerst in mein Verzeichniß geworfen werden mußten. Ich gestehe, es sieht nicht übel so aus, als einer von den krummen Schlichen der lieben Dame; und denjenigen, welche sie zur Freundinn behalten wollen, ist eben so viel daran gelegen, ihre Laune auszuspühen, als mir selbst.

Wenn ich diese Raritäten besehn habe, sagt' ich, halb zu mir selbst, und halb zu

meinem

meinem Miethlakayen, der hinter mir stund — so kanns nicht schaden, wenn Wir nach der Irenken Kirche gehn, und den Pfeiler besehn, an welchem Christus gebunden gestanden—und hernach nach dem Hause, welches Pontius Pilatus bewohnt hat. Das war im nächsten Flecken, sagte der Miethlakay — in Vienne. Desto besser, sagt' ich, indem ich plötzlich vom Stuhle aufstund und mit zweymal so grossen Schritten, als ich sonst pflege, durchs Zimmer ging. — „um so „eher komm' ich nach dem Grabe der bey= „den Liebenden."

Was der Grund dieser Aufwallung war, und warum ich so grosse Schritte that, als ich das sagte, das kömmt' ich dem forschenden Leser gleichfals anheimstellen: allein, da keine Grundsätze der Uhrmacherkunst dabey vorkommen — so möcht' es für den Leser wohl eben so gut seyn, wenn ich es selbst erkläre.

Ein und dreyßigstes Kapitel.

O! es giebt ein glückseliges Alter im menschlichen Leben, in welchem (das Gehirn

hirn ist alsdann noch zart und welchfaserig, und einem Brey ähnlicher, als sonst Etwas) eine Historie gelesen, von zwey zärtlich Liebenden, getrennt, durch grausame Aeltern, und durch das noch grausamere Geschick —

  Amandus, — Er
  Amanda, — Sie —
keiner von der Pilgrimschaft des Andern etwas wissend,

  Er — Ostwärts,
  Sie — Westwärts —

Amandus von den Türken gefangen, und nach dem Hofe des Kaysers von Marocco geschleppt wird, woselbst ihn die Prinzeßinn von Marocco, die sich in ihn verliebt, zwanzig Jahre im Gefängniß hält, wegen der Liebe zu seiner Amanda —

Sie — (Amanda) die ganze Zeit durch barfuß und mit zerstreutem Haar über Gebirge und Felsen wandert, und nachforscht nach Amandus — Amandus! — Amandus! — von jedem Hügel, von jedem Thale das Echo seinen Namen widerschallen läßt —

  Amandus! Amandus!

Vor

Vor jeder Stadt, vor jedem Städtchen sich verlassen niedersetzt — ist Amandus! — ist mein Amandus hier eingegangen? — Bis sie die Welt — rund und rund umgegangen — der Zufall sie eines Abends, in einem Augenblicke, obwohl durch verschiedene Wege, unverhoft vorm Thore von Lyon, ihrer Vaterstadt, zusammenführt, und beyde mit wohlbekannter Stimme laut ausrufen:

Ist Amandus) noch am Leben?
Ist mein' Amanda)

einander in die Arme fliegen, und beyde vor Freuden todt zur Erde fallen.

Es giebt ein glückseliges Alter in jedes gutherzigem Sterblichen Leben, in welchem eine solche Historie dem Gehirne ein besseres Futter ist, als alle Brocken, alle Krümchen und Schimmel von Alterthümern, welche ihm die Reisebeschreiber zusammen sudeln mögen.

— Das war alles, was von dem, welches Spon und andre, in ihren Nachrichten von Lyon in den Durchschlag meines Gehirns gepresset hatten, noch an der rechten
Seite

Seite deſſelben hängen geblieben war; und noch dazu hatt' ich in einem andern Tröſter von Reiſebeſchreiber, der Himmel aber weiß, in welchem? gefunden — daß auſſer dem Thore ein der Treue des Amandus und der Amanda geheiligtes Grabmal errichtet worden, woſelbſt noch bis auf dieſe Stunde die Verlobten dieſes Paar zu Zeugen ihres Verſprechens der Beſtändigkeit anruften. — Und niemals in meinem Leben konnt' ich in einen Handel dieſer Art verwickelt werden, oder dieſes Grabmal der Liebenden miſchte ſich am Ende auf eine oder die andere Weiſe mit hinein. — Ja es hatte ſich ſo feſt in mein Gemüth geprägec, daß ich niemals an Lyon denken oder davon ſprechen, und zuweilen nicht einmal eine Lyonner Weſte anſehen konnte, oder dieſes Ueberbleibſel des Alterthums ſtellte ſich meiner Einbildung vor; und oft hab' ich in meiner regelloſen Art zu ſchwatzen geſagt, — obgleich, wie ich beſorge, mit zu weniger Ehrerbietigkeit — „daß ich dieſes Grabmal (ſo vernachläßiget es wäre) für eben ſo heilig hielte, als das zu Mecca, und daß es, die Reichthümer ausgenommen, ſelbſt der *Santa Casa* zu Loretto so wenig den Vorzug gäbe, daß ich noch einmal eine Wallfahrt dahin thun wollte, (wenn ich auch nichts anders in Lyon zu thun hätte) bloß um es zu besuchen.„

In meinem Verzeichniß der *Videnda* zu Lyon war also dieses, wie Sie sehen — zwar zuletzt, doch nicht das Letzte. Nachdem ich also noch ein Paar Mandel grössre Schritte, als gewöhnlich, in meinem Zimmer gethan hatte, eben wie es mir durch die Gedanken lief, ging ich geruhig hinunter in den Hofraum, um meine Wallfahrt anzutreten; und nachdem ich meine Rechnung gefodert — und, weil ich ungewiß war, ob ich wieder nach dem Gasthofe kommen würde, wenn ich solche bezahlt hätte, — der Magd zehn Sous gegeben hatte, empfing ich eben *les derniers Complimens* von Monsieur le Blanc auf eine glückliche Fahrt auf dem Rhone — als ich in der Pforte aufgehalten ward.

Zwey und dreyßigstes Kapitel.

— Es that's ein armer Esel, der mit ein Paar grossen Körben auf dem Rücken her=

hereintrat, um ein Almosen von Rübenköpfen und Kohlblättern einzusammlen, und zweifelhaft mit seinen beyden Voderfüssen diesseits der Schwelle, und mit seinen beyden Hinterterfüssen nach der Gasse stund, als ob er nicht recht wüßte, ob er hineingehn sollte oder nicht.

Nun ist dieß ein Thier, das ich (in welcher Hast ich auch seyn mag) nicht übers Herz bringen kann, zu schlagen. — Ein geduldiges Tragen alles Kreuzes und Leidens steht ihm so unaffektirt in Blick und Gang geschrieben, daß es mich allemal entwafnet; und zwar zu dem Grade, daß ich ihn nicht einmal unfreundlich anreden mag. Ich mag ihn vielmehr antreffen, wo ich will — in der Stadt oder aufm Lande — er ziehe oder schleppe — in Freyheit oder Sklaverey, so hab' ich ihm beständig dieses oder jenes gute Wort zu geben; und, wie dann ein Wort das andre holet (wenn er eben so wenig zu thun hat, als ich). — gerathe ich gemeiniglich mit ihm in ein Gespräch; und, fürwahr, meine Einbildung ist niemals so geschäftig, als wenn sie seine Antworten aus den Zügen seiner Miene zusammen setzt. — Und wo mich diese noch nicht tief genung führen — geh' ich flugs von meinem Herzen in das seinige, und sehe zu, was für einen Esel natürlich ist zu denken — so gut als für einen Menschen bey der Gelegenheit. Es ist wirklich das einzige Geschöpf, aus allen Klassen der Wesen unter mir, mit dem ich das thun kann; denn mit Papagoyen, Amseln, u. s. w. wechsle ich niemals ein Wort — auch nicht mit Affen, aus ungefehr eben der Ursache. Diese machen nach, was sie gesehn, wie die andern nachsprechen, was sie gehört haben, und machen mich ebenfalls stumm; ja sogar mein Hund und meine Katze, ob ich gleich viel von beyden halte — (und meinem Hunde fehlt nur die Sprache) — dennoch, ich weiß nicht wie es kommt, haben beyde nicht die Gabe der Unterhaltung. In einem Gespräche mit ihnen kann ichs niemals weiter bringen, als bis zur Proposition, Replick und Duplick, woraus das Gespräch meines Vaters und meiner Mutter, in seinen Gerichtsbetten bestund — sind diese vorgewesen, so hat der Dialog ein Ende.

Aber

Aber mit einem Esel könnte ich mich Tages
lang unterreden.

Komm, guter Kautz! sagt' ich — weil
ich sah, daß es nicht thunlich war, zwischen
ihm und der Pforte durchzukommen. Willst
Du herein oder heraus?

Der Esel drehete seinen Kopf herum und
sah nach der Gasse.

Wohl! versetzte ich — Wir wollen eine
Minute warten, bis Dein Treiber kommt.

— Er wendete seinen Kopf tiefsinnig herum, und sah geduldiglich nach der andern
Seite.

Ich verstehe Dich vollkommen; antwortete
Ich. — Wenn Du bey dieser Sache einen
Fehltritt thust, wird er Dich zu Tode prügeln. — Wohl! eine Minute ist nur eine
Minute, und wenn sie einem Nebengeschöpfe
eine Tracht Prügel ersparen kann, soll sie
nicht als verlohren zu Buche geschrieben
werden.

Mäh=

Während dem Laufe dieser Unterredung, aß er an einem Stengel von einer Artischocke, und hatte solchen, bey dem Gehäber der Natur zwischen Hunger und Unschmackhaftigkeit, ein halb Dutzend male aus dem Maule fallen lassen und wieder aufgenommen. — Gott helfe Dir, Sarm, sagt' ich, Du hast da einen bittern Imbiß, und manches bittre Tagewerk — und manchen bittern Schlag, fürcht' ich, zum Taglohn. — Bitter, ganz bitter ist Dein Leben, was es auch für andre seyn mag. — Und nun ist Dein Maul, wenn mans nur recht zu erkennen wüßte, so bitter, getraue ich mir zu sagen, als Ofentuß — denn er hatte den Stengel weggeschlenkert; und Du hast wohl nicht einmal in der ganzen Welt einen Freund, der Dir ein Zuckerplätzlein gäbe. — Wie ich das sagte, zog ich eine Düte voll hervor, die ich eben gekauft hatte, und gab ihm eins. — Und noch bis auf diesen Augenblick, da ichs erzähle, kränkt es mich im Herzen, daß ich dabey mehr Vergnügen über den Einfall hatte, zu sehen, wie sich ein Esel gebärdete, wenn er Zuckerbrodt äße, — als ich aus Wohlthätigkeit handelte, indem ich ihm solches gab.

Als

Als der Esel sein Zuckerbrodt verzehrt, nö-
thigte ich ihn herein zu kommen. — Das
arme Vieh war schwer beladen. — seine Fässe
schienen unter ihm zu zittern. — Er hing
schwer hinterwärts; und als ich ihn an der
Halfter zog, riß er mir kurz in der Hand ab.
— Er sah mir tiefsinnig ins Gesicht. „Schlage
mich nicht damit! — wenn Du aber willst,
muß ichs leiden!,, — Wenn ichs thue, so
will ich ver —

Das Wort war mir halb ausgesprochen,
wie bey der Aebtißinn von Andouillets: —
(es war also keine Sünde dabey) — als eine
Person herein kam, und ein Gewitter von
Prügeln auf die Lenden des armen Teufels
regnen ließ, welches den Komplimenten ein
Ende machte.

O der Schinder!
schrie ich — Allein die Ausrufung war dop-
pelsinnig, — und ich glaube, noch dazu unrecht angebracht — denn ein Ende von einer
Weidengerte, war aus dem Korbgeflechte, das
der Esel trug, losgegangen, und hatte, als

er bey mir vorbey herein stürzte, meine Beinklei=
dertaschen gefaßt, und solche in der unglück=
seligsten Richtung, die Sie sich denken kön=
nen, zerrissen — daß also das

O der Schinder!

nach meiner Meynung, hier hätte kom=
men sollen — Doch das mögen

Die

Recensentlein

meiner Beinkleider,

die ich des Endes ausdrücklich wieder mit zu
Hause gebracht habe, kunstrichterlich ent=
scheiden.

Vier und dreyßigstes Kapitel.

Als wieder alles in Ordnung war, kam ich
abermal mit meinem Miethlakayen die
Treppen herunter in den Hof, um meine Wall=
fahrt nach dem Grabmale der Liebenden, u. s. w.
anzutreten — und ward zum Zweytenmale
an der Pforte aufgehalten — nicht von dem
Esel — sondern von der Person, die ihn ge=
schla=

schlagen hatte, und welche nunmehr von dem Platze Besitz genommen hatte, (wie es nicht ungewöhnlich ist, wenn der Feind geschlagen ist) worauf der Esel stund.

Es war ein Commissarius, den das Postamt schickte, mit einem Rescripte in der Hand, dem zufolge ich sechs Livres einige Sous bezahlen sollte.

Wofür das? sagt' ich — Für den König ists, versetzte der Commissarius; und zog beyde Achseln in die Höhe.

Mein guter Freund, sagt' ich — so gewiß ich ich bin — und Sie Sie sind —

— Und wer sind Sie? sagte er —

— Machen Sie mich nicht irre, sagt' ich.

Fünf und dreyßigstes Kapitel.

Aber eine ausgemachte Wahrheit ist es, fuhr ich gegen den Commissarius fort, indem ich nur die Form meiner Betheurung än-

änderte — daß ich dem Könige von Frankreich nichts schuldig bin, als meinen guten Willen; denn er ist ein sehr guter Herr, und ich wünsch' ihm alle mögliche Gesundheit und Zeitvertreib von der Welt —

Pardonnez-moi! erwiederte der Commissarius, Sie sind ihm sechs Livres vier Sous schuldig, für die erste Station von hier nach St. Fons, auf Ihrem Wege nach Avignon — wofür Sie Pferde und Postillon doppelt bezahlen müssen, weils eine *Poste royale* ist; sonst würd' es nicht mehr gekostet haben, als drey Livres zwey Sous.

— Ich geh aber ja nicht zu Lande; sagt' ich.

— Sie können aber, wenns Ihnen beliebt; versetzte der Commissarius. Ihr gehorsamster Diener, sagt' ich, und macht' ihm meinen tiefen Bückling.

Der Commissarius machte mir, mit aller Treuherzigkeit einer steifen guten Lebensart, einen eben so tiefen wieder. — In meinem Leben hat mich kein Bückling mehr aus der Fassung gesetzt.

— Hol-

— Hol' der Henker das ernsthafte Wesen dieser Leute! sagt' ich — (ben Seite) Sie verstehn eben so wenig von der Ironie, als dieses —

Das Gleichniß stund mit seinen Tragkörben dicht dabey — allein es schloß Etwas meinen Mund — ich konnte den Namen nicht aussprechen. —

Monsieur, sagt' ich, indem ich mich wieder faßte — ich bin nicht gesonnen, die Post zu nehmen. —

— Es steht aber nur bey Ihnen — sagt' er, und blieb bey seiner vorigen Antwort. — Sie können die Post nehmen, wenns Ihnen beliebt.

— Und ich kann meinen Pickelheering in Salz tunken, wenn mir's beliebt —

— Aber, es beliebt mir nicht.

— Sie müssens aber bezahlen, es mag Ihnen belieben oder nicht.

H

Ha, ja! das Salz; sagt' ich, (das weiß ich) —

— Und die Post ebenfals, setzte er hinzu. — Nun, Gott bewahre! rief ich. —

Ich reise zu Wasser — und fahre den Rhone hinunter, noch heute Nachmittag. — Meine Sachen sind schon im Boote — und ich habe auch schon neun Livres Fährgeld bezahlt.

C'est tout égal — 's ist all' Eins, sagt' er.

Gott verzeih mir! soll ich für den Weg bezahlen, den ich gehe, und für den Weg, den ich nicht gehe?

— *C'est tout égal*, erwiederte der Commissarius.

— Den Henker ist's! sagt' ich — Aber eher will ich nach zehn Tausend Bastillen gehn. —

O, England! England! du Land der Freyheit und der gesunden Vernunft, du zärtlichste Mutter — und liebreichste der Ammen, rief

rief ich, und knieete auf ein Knie nieder, als
ich meine Apostrophe anhub —

Als der Gewissenrath der Madame Le
Blanc in eben dem Augenblicke hereintrat;
und, da er einen Mann sah, der schwarz ge=
kleidet war, mit einem aschbleichen Gesichte,
in einer andächtigen Stellung — und der
durch den Abstich und jämmerlichen Zustand
seiner Drapperie noch bleicher aussah — frag=
te: ob ich des Beystandes der Kirche benö=
thigt sey —

Ich geh zu Wasser, sagt' ich, — und
da ist noch Einer, der wird wollen, daß ich
auch noch fürs Oel bezahlen soll.

Sechs und dreyßigstes Kapitel.

Als ich merkte, daß der Commissarius vom
Postamte Einmal für Allemal seine sechs
Livres vier Sous haben wollte, so hatte ich
nichts dafür, als daß ich über die Gelegen=
heit einige beissende Einfälle sagte, die das
Geld werth wären.

Und

Und also fing ich folgendergestalt an: —

Sagen Sie mir doch, Herr Commissarius, nach was für einem Gesetze der Höflichkeit wird einem schutzlosen Fremden gerade umgekehrt begegnet, als Sie einem Franzosen bey solchen Gelegenheiten zu begegnen pflegen?

Keinesweges; sagt' er.

Verzeihen Sie, sagt' ich — Denn Sie haben dabey angefangen, mir die Beinkleider vom Leibe zu reissen — und nun wollen Sie über meine Taschen her —

Dahingegen — hätten Sie erst meine Taschen geleert, wie Sie's mit Ihren eignen Leuten machen — und hätten mich hiernächst mit blossem — gelassen — so wäre ich ja wohl ein Vieh gewesen, wenn ich geklagt hätte.

Itzt aber ist es —
— Wider das Recht der Natur,
— Gegen die Vernunft;
— Ge-

, — Gegen das Evangelium,

Aber nicht gegen dieß — sagte er — und gab mir ein gedrucktes Blatt in die Hand.

PAR LE ROY.

— — Die Einleitung ist elend, sagt' ich, — und las weiter — — — — — —
— — — — — — — —
— — — — — — — —
— — — — — — — —

— Aus welchem Allen so viel erhellet, sagt' ich, nachdem ichs ein wenig zu schnell überlesen hatte, daß ein Mann, der Einmal mit Extrapost aus Paris fährt — sein ganzes Leben hindurch Extrapost fahren, oder dafür bezahlen muß. — Bitte um Verzeihung, sagte der Commissarius, der Sinn der Verordnung ist dieser, daß, wenn Sie in dem Vorhaben von Paris abgehn, mit der Post nach Avignon u. s. w. zu reisen, so sollen Sie dieses Vorhaben oder die Art und Weise der Reise nicht ändern, ehe Sie nicht den Postitabern für zwey Stationen weiter bezahlt haben.

ben, als der Ort ist, an welchem Sie sich eines Andern besinnen, — und das gründet sich darauf, daß die Einkünfte nicht durch Ihren Leichtsinn geschmälert werden müssen. —

— O wahrhaftig! rief ich — Wenn der Leichtsinn in Frankreich steuerbar ist — so mögen wir nur bey Zeiten mit Euch Frieden machen, so gut wir können. —

Und somit ward der Friede gemacht.

— Und wenn der Friede nichts taugt, so hat — da Tristram Schandy den ersten Grundstein dazu legte — kein Mensch damit den Strang verdient, als Tristram Schandy.

Sieben und dreyßigstes Kapitel.

Ob ich gleich wußte, daß ich dem Commissarius für sechs Livers vier Sous Spitzen genug gesagt hätte, war ich dennoch ent=

entschloffen, diese Prellerey erst in meine An*
merkungen einzutragen, eh' ich die Stadt
verliesse. Ich fuhr also mit meiner Hand in
die Rocktaschen, nach meinen Anmerkungen
(das mag nebenher gesagt, den Reisebeschrei*
bern eine Warnung seyn, inskünftig ein bis*
chen mehr Acht auf ihre Anmerkungen zu ha*
ben.) „Meine Anmerkungen waren gestoh=
len!„ — Niemals hat ein armer Tropf
vom Reisenden solch ein Poltern und Toben
um seine Anmerkungen gemacht, als ich um
die meinigen machte.

Himmel! Erde! Feuer und Meer! schrie
ich, und rufte alles zur Hülfe, nur nicht,
was ich zur Hülfe hätte rufen sollen. — Mei=
ne Anmerkungen sind mir gestohlen! — Was
soll ich anfangen? — Herr Commissarius!
sagen Sie mir, hab' ich Anmerkungen fal=
len lassen, da ich hier bey Ihnen gestanden
bin? —

Ja wohl haben Sie sich manche Anmer=
kung entfallen lassen, und sonderbare genug!
sagte er. Ph! sagt' ich, das waren nur

wenige, und nicht über sechs Livres vier Sous werth; — aber dieß ist ein ganzes Bündel. — Er schüttelte seinen Kopf — Monsieur le Blanc! Madame le Blanc! haben Sie keine Papiere gefunden, die mir gehören? — Hör' Sie, Hausmagd! laufe Sie in mein Zimmer — Franz, lauf' Er ihr nach! —

— Ich muß meine Anmerkungen haben! — Es waren die schönsten Anmerkungen, schrie ich, die jemals gemacht sind! die vernünftigsten, — die witzigsten! — Was soll ich anfangen? — Wo soll ich mich hinwenden?

Sancho Pansa führte keine herbere Klagen, als er das Geschirr seines Esels verlohren hatte.

Acht und dreyßigstes Kapitel.

Als die erste Hitze vorbey war, und die Register des Gehirns wieder anfingen, ein wenig aus der Verwirrung zu kommen, in welche sie dieses Gewühle von Widerwärtigkeiten herum geworfen hatte, — fiel es mir bald ein, daß ich meine Anmerkungen in der Seitentasche meines Reisewagens gelassen — und daß ich also dem Wagenphilister meine Anmerkungen mit dem Wagen verkauft hätte.

Ich laffe diesen leeren Raum, daß der Leser den Fluch hinein setzen oder denken kann, den er sich am meisten angewöhnt hat. — Ich meines Theils, wenn ich jemals einen ganzen Fluch in eine Lücke meines Lebens hineingefluchet habe, so wars in diese — * * *   * * * *   * *! sagt' ich. — Und also hab' ich meine Anmerkungen über Frankreich, die so voller Witz waren, als ein Ey voller Nahrung, und eben so gut hundert Louisd'ors werth waren, als besagtes Ey einen Dreyer werth ist — dem Wagenphilister verkauft — für vier Louisd'ors — und einen Reisewagen, der (beym Himmel!) seine sechsse werth war, in den Kauf. Wär's noch der ehrliche Dodsley, oder Becket, oder sonst ein wohlfürnehmer Buchhändler gewesen, der den Handel etwann niederlegen wollen, und sich nun Equipage anschaffen müßte — oder ein andrer Anfänger, dem meine Anmerkungen und einige Louisd'ors hätten aufhelfen können, und vor dem diebischen Nachdrucken bewahren — so möcht' es noch hingegangen seyn — Aber, an einen Wagenphilister! — Weiß' Er mich augenblicklich hin, Franz, sagt' ich — Der Miethlakay setzte seinen Hut auf und führte mich — ich zog meinen ab, als ich den Commissarius vorbey ging, und folgte ihm.

Neun und dreyßigstes Kapitel.

Als wir vor des Wagenflickers Hause ankamen, waren beydes, das Haus und der Wagenraum, verschlossen; es war der achte September, das Fest der heiligen Jungfrau Maria, Mutter Gottes —

— Tantara — ra — tan — tiri! — die ganze Welt hatte einen Maytag — das hüpfte hier — das sprung dort! Kein Mensch bekümmerte sich einen Pfifferling um mich oder meine Anmerkungen. Ich

Ich setzte mich also auf eine Bank bey der Thüre und spintisirte über meinen Zustand. Durch ein besser Schicksal, als gewöhnlich das meinige ist, hatte ich noch keine halbe Stunde gewartet, als die Frau vom Hause heimkam, die Papilloten aus den Haaren zu machen, ehe sie nach dem Mayentanze ginge. —

Die französischen Weiber, beyläufig gesagt, lieben die Mayenfeste *à la Folie* — das heißt, eben so sehr, als ihre Frühmetten — man gebe ihnen nur Maytage, es sey im May, Junius, Julius oder September — auf die Zeit kommts ihnen gar nicht an — so ist alles gut. Es ist ihnen Essen, Trinken, Wäsche und Wohnung — und brauchten wir nur die Politik, mit Eurer Excellenzien gnädigsten Wohlnehmen, (da doch das Holz in Frankreich ziemlich rar ist) ihnen Birkenbäume genug zu schicken —

Die Weiber würden sie aufrichten, und dann darum herum tanzen (und die Männer zur Gesellschaft mit) bis sie alle blind wären.

Die Frau des Wagenphilisters kam zu Hause, wie ich Ihnen sagte, die Papilloten aus ihrem Haar zu nehmen — Eine Mannsperson mag immer bey der Toilette seyn — Sie begann also schon, so wie sie ins Haus trat, ihre Toilette damit, daß sie ihre Haube abriß; und damit fiel eine auf die Erde. — Ich sah den Augenblick, daß es von meinem Geschreibe war.

— O Seigneur! rufte ich — Sie haben alle meine Anmerkungen auf Ihrem Kopfe, Madame! — *J'en suis bien mortifiée*, sagte sie. — 'S ist nur gut, dacht' ich, daß sie da gesessen haben — denn hätten sie tiefer gehn können, sie würden eine solche Verwirrung in einem französischen Weiberköpfchen angerichtet haben — daß es besser für sie gewesen, sie wäre bis in alle Ewigkeit mit ungekräuseltem Haare gegangen.

Tencz, sagte sie, und damit, ohne das geringste Arg aus der Natur meiner Leiden zu haben, machte sie solche von ihren Locken, und warf sie mir ganz ernsthaft, Stück für Stück, in meinen Hut — die Eine war links ge=

gedreht — die Andre rechts. — Ach! ja bey meiner Treue, und wenn sie gedruckt heraußkommen, sagt' ich —

,, Da werden sie noch ärger verbrehet werden,

Vierzigstes Kapitel.

Nun, endlich einmal nach Lippius Uhr! sagt' ich, mit der Miene eines Menschen, der alle Schwierigkeiten überwunden hätte — Es kann uns nichts mehr hindern, diese zu besehen, und die chinesische Geschichte, und — als die Kürze der Zeit, sagte Franz — denn es ist beynahe eilf Uhr — nun so müssen wir desto mehr eilen, sagt' ich, und ging mit langen Schritten fort, nach der Hauptkirche.

Ich kann nicht sagen, daß mirs im geringsten leid gethan hätte, als mir einer von den Vicarien beym Eintritt in die westliche Thüre sagte, — Lippius Uhrwerk sey ganz und gar nicht im Stande, und wäre seit einigen Jahren nicht im Gange gewesen. — Das gewinnt mir um so mehr Zeit, dacht' ich, in der chinesischen Geschichte zu lesen; und überdem werde ich besser im Stande seyn, der Welt eine Nachricht von diesem Uhrwerke, in seinem Verfalle, zu geben, als ichs in seinem blühendsten Zustande hätte thun können.

— Und so trabte ich fort nach dem Jesuiter-collegio. Nun ist es mit dem Projecte, einen Blick in die chinesische Historie, mit chinesischen Charaktern, zu thun — wie mit vielen andern, die ich namhaft machen könnte, welche in der Ferne meiner Einbildung auffallen; denn so wie ich dem Dinge näher und näher kam — legte sich meine Hitze. — Das Gelüsten darnach ging nach und nach über, bis ich zuletzt keinen Kirschkern mehr drum gegeben hätte, es zu befriedigen. — Eigentlich mocht' es wohl daran liegen, daß meine Zeit kurz war, und mein Herz nach dem Grabmale der Liebenden hing. — Wolle Gott, sagt' ich, als ich den Thürklopfer anfaßte, daß der Schlüssel zur Bibliothek verlegt seyn mag; es lief fast eben so gut ab —

Denn alle Jesuiten hatten Bauchgrimmen bekommen — und das so heftig, daß sich der älteste Arzt keines ähnlichen erinnern konnte.

Ein

Ein und vierzigstes Kapitel.

Da ich die Geographie des Grabmals der Liebenden so gut wußte, als ob ich zwanzig Jahre in Lyon gewohnt hätte; nemlich, daß es zu meiner rechten Hand läge, wenn ich eben aus dem Thore gekommen, das nach der Vorstadt Vaise leitet — schickte ich Franz nach dem Boote, damit ich den so lange schuldigen Tribut ohne einen Zeugen meiner Schwachheit bezahlen könnte. — Ich ging mit aller ersinnlichen Freude nach dem Orte hinzu — als ich die Pforte ansichtig wurde, wohinter das Grabmal liegt, glühte mir das Herz im Leibe.

— Zärtliche und beständige Seelen, rief ich aus, und richtete meine Ausrufung an Amandus und Amanda — lange — lange hab' ich mich gesehnet, diese Zähre auf Euer Grab fallen zu lassen — ich komme — ich komme —

Als ich kam — war kein Grabmal da, worauf ich sie fallen lassen konnte.

Was hätte ich drum gegeben, daß mein Oncle Toby da gewesen, und sein Lillobullero! gepfiffen hätte.

Zwey und vierzigstes Kapitel.

Gleichviel auf was Art, oder wie mir zu Muthe war — kurz ich floh von dem Grabmale der Liebenden — oder vielmehr, ich floh nicht davon, (denn es war kein solches Ding vorhanden) und kam gerade noch zu rechter Zeit beym Boote an, mein Fährgeld nicht zu verliehren; — und bevor ich ein Paar hundert Schritte gesegelt war, flossen der Rhone und die Saone zusammen, und führten mich lustig mit sich fort.

Doch, diese Wasserreise, den Rhone hinunter, hab' ich schon beschrieben, eh' ich solche gemacht habe. —

— Da bin ich also schon zu Avignon — und da hier nichts zu besehen ist, als das alte Haus, in welchem der Herzog von Ormond residirte, und mich nichts aufhalten kann, als eine kurze Anmerkung über den Ort, so werden Sie mich in drey Minuten auf einem Maulthier über die Brücke reiten sehn, meinen Franz zu Pferde, mit dem Mantelsacke hinten auf, und

und den Eigner von beyden vor mir her schreiten, mit einer langen Flinte auf seiner Schulter, und einem Degen unterm Arme, damit wir nicht etwa mit seinem Viehe durchgehn können. Hätten Sie meine Beinkleider gesehn, wie ich nach Avignon kam, — ob ich zwar glaube, Sie hätten solche noch besser sehn können, da ich aufs Maulthier stieg — so würden Sie die Fürsicht nicht für überflüssig gehalten, oder es dem Manne in Ihrem Herzen übel genommen haben. Ich, meines Theils, nahms ihm ganz gut auf; und beschloß, ihm damit ein Geschenk zu machen, wenn wir ans Ende unsrer Reise gekommen wären, um ihn für die Mühe zu entschädigen, die es ihm verursacht, sich ihrentwegen so völlig in Waffen zu setzen.

Eh' ich weiter geh, lassen Sie mich erst meine Anmerkung über Avignon an Mann bringen, welches diese ist: daß ichs für Unrecht halte, daß ein Mensch, blos, weil ihm von ungefehr, den ersten Abend da er in Avignon kömmt, der Hut abgewehet wird, — deswegen sagen sollte: "Avignon ist heftigen Winden

mehr

mehr ausgesetzt, als irgend eine andre Stadt in Frankreich." Aus dieser Ursach machte ich auch nicht viel Wesens aus dem Zufalle, bis ich mich bey dem Gastwirthe darnach erkundigt hatte, und der mir ganz ernsthaft sagte, es verhielte sich so — und ich noch dazu hernach hörte, daß die Windigkeit von Avignon zum Sprichworte im Lande geworden. — Ich schreib' es nieder, bloß um die Gelehrten zu fragen, was davon die Ursach seyn mag — die Wirkung hab' ich gesehn. — Denn hier giebt es nichts anders, als *Ducs*, *Marquis* und *Contes* — Mit Baron würde man in Avignon hübsch anlaufen! — An einem windigen Tage kann man also kaum jemand zu sprechen bekommen.

Guter Freund, sagt' ich, halt' Er mein Thier einen Augenblick — denn ich wollte einen von meinen Reitstiefeln ausziehn, der mir die Ferse drückte. — Der Mann stund an der Thüre des Wirthshauses ganz müßig; und da ich mir einmal nicht anders einbilden konnte, als, er müsse einen Dienst im Hause oder auch im Stalle haben; so gab ich ihm

dem

dem Zügel zu halten, und fing an, meinen Stiefel auszuziehn: — als ich meine Sache gemacht hatte, sah' ich mich um, um dem Menschen das Maulthier abzunehmen, und ihm zu danken. —

— Aber, *Monsieur le Marquis* war ins Haus gegangen.

Drey und vierzigstes Kapitel.

Ich hatte nunmehr das ganze südliche Frankreich, von den Ufern des Rhone bis an die Ufer der Garonne, vor mir, nach meiner eignen Gemächlichkeit auf meinem Maulthiere durchzureiten; — nach meiner eignen Gemächlichkeit — denn ich hatte den Tod, Gott weiß — und nur Er allein — wie weit! hinter mir gelassen. — „Ich „habe manchem Menschen in Frankreich nach„gesetzt,„ sagt' er, „aber so viel hat mir „noch keiner zu schaffen gemacht!„ — Er folgte mir noch immer — und ich floh ihn noch immer — aber ich floh gutes Muthes — er setzte mir noch nach — aber
gleich

gleich einem, der die Hoffnung aufgiebt, seine Beute zu erhaschen — da er dahinden blieb, besänftigte jeder Schritt, den er verlohr, seinen Blick — wie sollt' ich bergestalt vor ihm laufen?

Also, ungeachtet dessen, was der Commissarius vom Postamte gesagt hatte, veränderte ich abermals die Art und Weise meiner Reise, und nach einem so über Hals und über Kopf fortgehenden Laufe, den ich genommen hatte, that ich meiner Einbildung im voraus mit meinem Maulthiere sanft, und mit dem Gedanken, daß ich auf seinem Rücken die fruchtbaren Ebnen von Languedoc so langsam durchziehn würde, als nur ein Fuß bey dem andern niedergesetzt werden könnte.

Einem Reisenden ist nichts so angenehm — oder einem Reisebeschreiber nichts fürchterlicher, als eine weite, fruchtreiche, platte Ebene; besonders wenn darinn keine grosse Flüsse oder Brücken anzutreffen sind, und sie dem Auge nichts darstellet, als ein unabgeändertes Gemählde des Ueberflusses; denn nach nachdem er dem Leser Einmal gesagt hat, sie ist sehr angenehm! oder entzückend, (wie es denn fällt) der Boden ist ergiebig, und die Natur schüttet hier ihr Füllhorn aus, u. s. w. so hat er hernach eine weite platte Ebne vor sich, mit der er nichts anzufangen weiß — und welche ihm zu Wenigem oder zu sonst Nichts nutz ist, als ihn nach irgend einer Stadt zu führen; und diese Stadt vielleicht, zu Nichts anderm, als zu einem neuen Platze, von da er nach der nächsten Ebne ausreiset — und so weiter.

— Das ist eine entsetzliche Arbeit; urtheilen Sie nur, ob ich meine platten Ebnen besser zu handhaben weiß.

Vier und vierzigstes Kapitel.

Ich war noch keine anderthalb Meilen' weit gekommen, als der Mann mit der Flinte schon Pulver auf die Pfanne schüttete.

Ich war schon Dreymal fürchterlich zurück geblieben, über Tausend Schritte wenigstens jedesmal.

Ein-

Einmal im tiefen Gespräche mit einem Trommelmacher, welcher damit auf die Jahrmärkte von Baucaire und Tarascone zog — Ich verstund von seinem Handel nichts. —

Das Zweytemal kann ich so eigentlich nicht sagen, daß ich mich aufhielt — denn, da ich einem Paar Franciscanern begegnete, welche mehr Eile hatten, als ich, und nicht recht dahinter kommen konnten, wer ich wäre? und was meines Thuns sey? — so war ich mit ihnen umgekehrt —

Das Drittemal war's ein Handlungsgeschäft mit einer Fruchthökerinn, über ein Körbchen Provencer Feigen für vier Sous. Der Handel wäre den Augenblick geschlossen gewesen, wenn nicht am Ende ein Gewissensfall hinzugekommen wäre; denn als die Feigen bezahlt waren, fand sichs, daß unten im Körbchen ein Paar Mandel Eyer lagen, die mit Weinblättern bedeckt waren. — Meine Absicht war nicht, Eyer zu kaufen; ich machte also gar keinen Anspruch darauf, — und was den Raum betraf, den sie, statt so viel

Fei

Feigen, eingenommen hatten — was that das? ich hatte für mein Geld Feigen genug. —

— Aber es war meine Absicht, das Körbchen zu haben — Die Absicht der Hokenfrau war, es zu behalten, sie konnte sonst ihre Eyer nicht fortbringen — und wenn ich das Körbchen nicht mit bekam, wußte ich eben so wenig, wo ich mit meinen Feigen hin sollte, welche schon überreif und mehrentheils an den Seiten geplatzet waren. Dieß veranlaßte einen kurzen Zwist, der sich mit verschiedenen Vorschlägen endigte, was wir beyde thun sollten. —

— Wie wirds mit unsern Eyern und Feigen machten, das sollen Sie und der Teufel selbst, wenn er nicht dabey gewesen wäre (wie er doch aber gewiß war) wohl unerrathen lassen. Sie sollen es alles zu lesen bekommen — nicht in diesem Jahre, denn ich eile zu meines Oncle Liebesgeschichten — Sie sollen es aber zu lesen haben in der Sammlung von Historien, welche aus der Reise durch diese platte Ebne entsprungen sind — und welche ich daher meine

         Platten Historien
nenne.

Wie arbeitsam meine Feder, gleich Federn andrer Reisenden, auf dieser Reise, durch eine so leere Strecke Weges, gewesen ist — das muß die Welt beurtheilen — die Spuren derselben aber, welche diesen Augenblick sich alle in einer Richtung bewegen, sagen mir, es sey der fruchtbarste und thätigste Zeitpunkt meines Lebens; denn da ich mit meinem Flintenmanne keinen Vergleich in Ansehung der Zeit geschlossen hatte, verwandelte ich dadurch, daß ich — bey jedermann, der mir begegnete und nicht im Trott ging — still hielt und mit ihm sprach — mich zu jeder lustigen Gesellschaft that, die mir vorkam — nach jedermann, der hinter mir herkam, mich aufhielt — allen, die auf Kreuzwegen daher kamen, Glück zu! wünschte — allerley Arten von Bettlern, Pilgrimmen, Spielleuten, Mönchen anhielt — bey keinem Weibe in einem Maulbeerbaume vorbey ritt, ohne ihre
                          [Weine

Beine zu loben, und sie durch eine Prise Schnupftoback zu einer Unterredung anzulocken — kurz, jede Handhabe ergriff, von was Grösse oder Beschaffenheit solche seyn mochte, die mir der Zufall auf dieser Reise vorhielt — meine platte Ebne in eine grosse Stadt. — Ich war beständig in Gesellschaft, und mit grosser Abwechslung dazu; und da mein Maulthier eben so gesellig war, als ich selbst, und allemal jedem Stück Viehs, das ihm begegnete, seiner Seits Etwas zu sagen hatte — so bin ich gewiß, wir hätten einen ganzen Monatlang durch Pall=Mall oder die St. James=Gasse durchwandeln können, und hätten weniger Begebenheiten erlebt — und weniger von der menschlichen Natur gesehn.

O! da ist eine lebhafte Offenherzigkeit, welche sogleich eine Falte in der Kleidung der Bewohner von Languedoc löset, daß, — darunter mag verborgen seyn, was will, es sieht der unschuldigen Einfalt, wovon die Poeten im goldnen Zeitalter singen, so ähnlich — daß ich meine Phantasey täuschen und glauben will, es sey so.

Es war auf der Straße zwischen Nismes und Lünel, woselbst der beste Muscatwein in ganz Frankreich wächst, und welches, im Vorbeygehn angemerkt, den guten Domherrn von Montpellier gehört — Und Schande für den Mann, der davon an ihrer Tafel getrunken hat, und ihnen nicht jeden Tropfen gerne gönnt.

— Die Sonne hatte sich geneiget — sie hatten ihre Arbeit gethan; die Nymphen hatten ihre Haare von frischem aufgebunden — und ihre Schäfer bereiteten sich zu einem Wettrennen. — Mein Maulthier wollte nicht vom Fleck — 'S ist eine Pfeife und Tambourin, sagt' ich —. Ich habe Todesschrecken davor gehabt, versetzt' es. — Sie laufen nach dem Ringe des Vergnügens, sagt' ich, und gab ihm die Sporn. — Bey Sankt Bugher, und allen Heiligen hinter der Thüre des Fegefeuers, sagt es, (und faßte eben den Entschluß, wie die Maulesel der Aebtißinn von Andouillets) ich gehe keinen Schritt weiter — Nun, nun, mein Kauz! sagt' ich — ich will, so lang' ich lebe, mit keinem von Deiner Familie,

wor=

worüber streiten; damit sprang ich ab, schleuderte einen Stiefel in diesen Graben, und den Andern in jenen. — Ich will ein Tänzchen mit machen, sagt' ich — Steh Du nur!

Eine nußbraune Winzerinn eilte mir von der Gruppe entgegen, als ich darauf zuging. Ihr Haar war dunkler Kastanienfarbe, die mehr ins Schwärzliche fiel, und war, bis auf eine Flechte, in einen Wulst gebunden.

Uns fehlt ein Cavalier, sagte sie, und streckte beyde Hände aus, als ob sie mir solche darböte —

Und den Cavalier sollt Ihr haben, sagt' ich, und faßte sie beyde.

Wärest Du, Nannette, geschmückt gewesen, wie eine Prinzeßinn!

Nur der verdammte Schlitz in Deinem Röckchen!

Nannette macht sich nichts daraus.

Wir hätten ohne Ihn nicht zurecht kommen können, sagte sie, und ließ aus selbsterlernter Höflichkeit eine Hand fahren, indem sie mich an der andern führte.

Ein lahmer Jüngling, den Apoll mit einer Pfeife belohnt hätte, und wozu er aus eignem Rathe ein Tambourinn gefüget, pfiff sein liebliches Präludium, als er sich auf den Rasen setzte. Bind' Er mir erst die Flechte ein, sagte Nannette, und gab mir ein Endchen Schnur in die Hand. — Das lehrte mich vergessen, ich wär' ein Fremder. Der ganze Wulst fiel herunter — Wir waren schon siebenjährige Bekannte.

Der Jüngling begann mit seinem Tambourin — seine Pfeiffe folgte, — und wir tanzten dahin. — „Der Henker hole diesen Schlitz!„

Die Schwester des Jünglings, die ihre Stimme vom Himmel gestohlen hatte, sang wechselsweise mit ihrem Bruder.

Es war ein gasconier Lied:
VIVA LA JOYA!
FIDONC LA TRISTESSA!

Die Nymphen verstärkten es im Einklange, und ihre Schäfer in der tiefern Octav. —

Einen Gulden hätt' ich drum gegeben, er wäre zugenäht gewesen. — Nannette hätte keinen Sous darum gegeben. — *Viva la Joya!* war auf ihren Lippen — *Viva la Joya!* war in ihren Augen.

Ein aufwallender Funke von Freundschaft schoß durch den Raum der uns trennte.— ihr Blick war liebreich! Warum konnt' ich nicht so mein Leben und meine Tage verleben? Gerechter Vertheiler unsrer Freuden und Leiden, rief ich, warum kann ein Mensch nicht hier sich in dem Schooße der Zufriedenheit niederlassen — und tanzen, und singen und beten, und mit diesem nußbraunen Mägdchen zum Himmel fahren? Auf ihre eigne Art drehete sie den Kopf auf eine Seite, und tanzte schalkhaft daher! — Nun ist es Zeit fortzu-
tan=

tanzen, sagt' ich; und damit verwechselte ich blos Tänzerinn und Melodey, tanzte fort von Lünel nach Montpellier — von da bis Pessuas, Beziers — tanzte durch Narbonne, Carcasson und CastleNaudairy, bis ich endlich in Perdrillos Pavillon hinein tanzte, wo ich mir ein Linienblatt machte, damit ich mit meines Oncle Tobys Liebesbegebenheiten in gerader Linie, ohne Digreßion oder Parenthesis, fortgehn könnte.

Ich fing an, wie folget —

Ende des siebenden Theils.

www.ingramcontent.com/pod-product-compliance
Lightning Source LLC
Chambersburg PA
CBHW022135160426
43197CB00009B/1288